U0695262

聚焦核心素养

探究学科本质

新课标理念下的
问题情境化学课堂教学研究

黄进添◎编著

中国出版集团　现代出版社

图书在版编目（CIP）数据

聚焦核心素养　探究学科本质：新课标理念下的问题情境化学课堂教学研究 / 黄进添编著. — 北京：现代出版社，2023.9

ISBN 978-7-5231-0509-2

Ⅰ.①聚… Ⅱ.①黄… Ⅲ.①中学化学课—教学研究 Ⅳ.①G633.82

中国国家版本馆CIP数据核字（2023）第169212号

聚焦核心素养　探究学科本质：新课标理念下的问题情境化学课堂教学研究

作　　者　黄进添

责任编辑　刘全银

出版发行　现代出版社

地　　址　北京市安定门外安华里504号

邮政编码　100011

电　　话　010-64267325　64245264

网　　址　www.1980xd.com

电子邮箱　xiandai@cnpitc.com.cn

印　　制　北京政采印刷服务有限公司

开　　本　710mm×1000mm　1/16

印　　张　11.5

字　　数　310千

版　　次　2023年9月第1版　　2023年9月第1次印刷

书　　号　ISBN 978-7-5231-0509-2

定　　价　58.00元

目录

理论篇

新课标理念下的问题情境化学课堂教学理论与方法

实 践 篇

新课标理念下的问题情境
化学课堂教学优秀案例

成果篇

广东省黄进添名教师工作室
研究成果和活动纪实

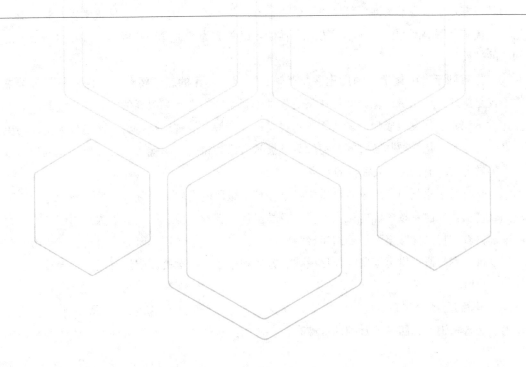

理论篇

新课标理念下的问题情境化学课堂教学理论与方法

第一章　新课标理念下的问题情境化学课堂教学

第一节　开展研究的理论价值和实际应用价值

《普通高中化学课程标准（2017年版2020年修订）》（以下简称"新课标"）规定了普通高中化学课程的基本理念，其中，重视开展"素养为本"的教学，倡导真实问题情境的创设，开展以化学实验为主的多种探究活动，重视教学内容的结构化设计，激发学生学习化学的兴趣，促进学生学习方式的转变，培养学生的创新精神和实践能力成为该理念的重要内容之一。新课标教学与评价建议提出，创设真实问题情境，促进学习方式转变。创设真实且富有价值的问题情境是学生化学学科核心素养形成和发展的重要平台，为学生化学学科核心素养提供了真实的表现机会。因此，教师在教学中创设真实且富有价值的问题情境，是新时代化学教师贯彻落实新课标的使命和担当。开展新课标理念下的问题情境化学课堂教学研究与当前普通高中教育教学目标、高考备考需要高度吻合，具有以下重大的现实意义和实际应用价值。

一是有利于促进学生化学学习方式的转变。新课标倡导主动参与、探究发现、交流合作的学习方式。问题情境课堂教学可让学生形成对学习的主动探求，能促进学生互相交流讨论、重视实际解决问题的积极学习方式。使学习过程成为学生发现及提出问题、分析及解决问题的过程。

二是有利于高中化学教师优化课堂教学，形成个性化的教学特色。新课标给教师带来的不仅是挑战，也是机遇。新课标在拓宽教师创新发展的空间和眼界的同时，也使教师的个性化教学和专业化发展成为可能。教师不再是课程和教材的被动执行者，而是成为主动的决策者和建设者。化学教师通过问题情境教学展现自己独特的教学魅力，形成个性化的教学模式，彰显自己的个性，形成独特的风格。

三是有利于惠州市、广东省高中学校学科校本教研的发展。研究成果如"新课标理念下的问题情境化学课堂教学优秀论文、优秀教学设计、教学录像"等，能够为惠州市、广东省高中理科教学提供借鉴案例，能给年轻教师起到很好的示范作用。研究成果将为惠州市、广东省学科校本教研提供可借鉴的优良模式、方法和路径，在学校高质量发展过程中具有重要的应用价值。

《中国高考评价体系》提出一核（高考核心功能）、四层（核心价值、学科素养、关键能力、必备知识）、四翼（基础性、综合性、应用性、创新性）的评价标准。化学课堂是实施化学素质教育的主阵地，也是培养和发展学生化学核心素养的重要阵地，这就要求我们在化学教学中充分运用新课标中的情境素材建议，精选教学素材和应用案例，促进学生赞赏化学、体会化学科学对人类文明和社会发展的促进作用，培养学生的科学态度与社会责任；加强物质组成、结构、性质等化学视角与真实情境素材之间的联系，引导学生从化学的视角看待和解决实际问题，培养学生的科学探究与创新意识；通过讨论与化学密切相关的有争议的社会性议题，引导学生辩证地看待问题，培养学生参与社会决策的意识，发展素质教育，弘扬科学精神；开展多样化的实践活动，促进学生"知、情、意、行"的统一，落实立德树人根本任务。

新课标理念下的问题情境化学课堂教学研究是在新时代背景下、新课标理念下进行的，课堂教学从"以教师为主体"转变为"以学生为主体，教师为主导"，学生不再是被动的学习者，而是知识的发现者、建构者、主动接受者。研究成果可以对布鲁纳的发现学习理论、奥苏伯尔的接受学习理论、建构主义理论等传统教学理论进一步丰富、发展和提升，具有重大的理论价值。

美国教育家杜威说："教育的艺术就在于能够创设恰当的情境。"教育家赞可夫说："教学方法一旦触及学生的情绪和意志领域，触及学生的心理需要，这种教学就会变得高度有效。"开展新课标理念下的问题情境化学课堂教学研究非常符合学生的成长规律和身心发展规律。

第二节　新课标理念下的问题情境化学课堂教学

　　新课标理念下的问题情境化学课堂教学是指在化学教学过程中，教师根据化学学科本质属性及特点，创设生活实践情境、学习探索情境、工业真实情境、手持技术数字化实验情境、化学科学史情境……以引起学生强烈的情感体验。其核心在于激发学生化学学习的内驱力。

　　新课标极力推广创设问题情境教学模式。依据真实情境，提出真实问题，将真实问题转化为化学问题，将化学问题设计成适合学生的学习任务，从而使化学课堂产生强大的探索吸引力，激活学生思维。

一、问题情境化学课堂教学的分类与内涵

　　《中国高考评价体系说明》将问题情境分为生活实践情境和学习探索情境。笔者在化学教学过程中，根据化学学科的属性、2021年广东省教育教学成果奖特等奖案例，以及近年全国高考试题，在生活实践情境和学习探索情境的基础上增加了工业真实情境、手持技术数字化实验情境、化学科学史情境。以下是增加后形成的五种类型的问题情境（图1-2-1）：

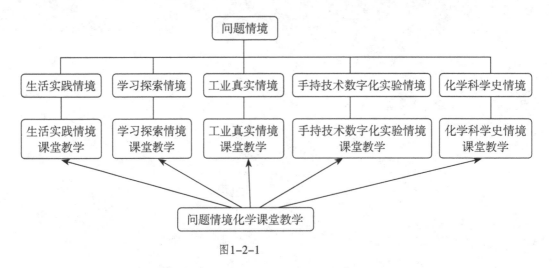

图1-2-1

（一）生活实践情境课堂教学

　　化学与生活密切相关，与科技发展密切相关。我们需要有效创设各种有利于课堂教学的生活情境，以及收集社会科技发展的各种信息，从而拓展学生的思维和视野，使学生充分体会到化学的重要性，实效性。如在教学化学必修一"氯及其化合物"的过程中，播放新闻：有

人在家里搞卫生的时候，为了快点搞好卫生，将洁厕剂和84消毒液混合使用，反而导致自己氯中毒。通过探究氯气及其化合物的性质使学生知道，洁厕剂里的盐酸和84消毒液里的次氯酸发生反应产生了有毒的氯气。这样就能引导学生在未来更安全地使用氯及其化合物，这充分体现了科学精神和社会责任。在必修一"铁及其化合物"中，通过检验食品中的铁元素的实验，增强学生实验探究能力，增进学生对含铁补血剂的了解，让学生认识到化学与生活紧密联系。

新课标指出，真实的STSE（S，Science，科学；T，Technology，技术；S，Society，社会；E，Environment，环境）问题和化学科学史实等，都是有价值的情境问题素材。例如，针对必修一的氧化还原反应，可向学生呈现月饼盒里的脱氧剂，并提出问题：脱氧剂成分是什么？脱氧剂通过发生什么反应来实现吸收氧气的目的？脱氧剂吸收氧气后的产物是什么？呈现给学生鲜活的生活实践情境。又如，以人教版高中化学必修第二册第51页习题第10题为例：

在许多食品外包装上都有类似下图所示的说明，你能用化学反应速率的知识加以解释吗？你还能找出类似的例子吗？

配料：小麦粉、饮用水、红小豆、白砂糖、酵母、食品添加剂（碳酸钠）。

储存条件：常温，阴凉、干燥、通风处储存，避免高温、潮湿。

食用方法：开袋即可食用，加热食用更佳，未食用的请放入冰箱冷藏保鲜，保存不当或过期的食品切勿食用。

保质期：常温（20℃~25℃），一、四季度4天，二、三季度3天；冷藏（4℃以下），7天；冷冻（-18℃以下），6个月。

学生对上述内容非常熟悉，从影响化学反应速率的因素——温度就可以对上题进行解释。通过紧密联系生活实践中的化学实例，增强学生对化学与生活密切相关的认识。

（二）学习探索情境课堂教学

创设探索教学情境，让学生自主探究发现新乐趣。优质的化学课堂应该是能够激发学生思维的课堂，在这样的课堂中学生可以自主表达创新的智慧，学生对于化学内在的感受，在激烈碰撞中闪烁灵光。教师要创造机会，鼓励学生进行发散性思考，发展学生核心素养，提高学生自主、合作、探究学习的能力。例如，在"碳及其化合物"教学中，探究如何减少CO_2温室气体排放，实现"碳中和"。又如，在原电池教学中，让学生探索讨论怎样自制电池让音乐贺卡响起来，让小车跑起来，什么样的电池小车跑得快。在化学课堂上创设学习探索情境是培养学生探究能力和自主学习能力必不可少的环节。学习探索情境课堂教学以开放性的问题和学生动手探索为主要特征，减少了对问题答案的限制和对学生思维的束缚，给课堂营造了浓厚的探索氛围，也给学生留足了自由发挥的空间，让学生能够在教师的有效指导下积极参与课堂，自由发挥想象，开发化学思维，用独特的视角去发掘化学课堂的魅力所在，让探索的欲望刺激学生的神经，勾起学生参与课堂活动的欲望，用自己的行动去答疑解惑，主动进行探索，寻求答案，成为课堂学习的主人。通过学生的学习探索，使学生既感受到改善环境、实现绿色发展至关重要性，又培养了学生开放性思维能力。

（三）工业真实情境课堂教学

在高中化学必修课程中，新课标将"工业制硫酸（硝酸）""工业合成氨""氮肥的生成和使用"等作为情境素材建议提出。例如，将"工业制硝酸"作为"氮及其化学物"重要的情境素材建议。在选修课程"实验化学"中，新课标也将"氨氧化法制硝酸"作为模拟化工生产过程的重要实验载体。鲁科版化学教材中以"工业制硝酸"为情境设计了习题检测学生对"氮的循环"的掌握。因此"工业制硝酸"是重要的课程内容，在必修课程中进行工业真实情境课堂教学非常必要。例如，2021年全国高考乙卷理科综合第12题，沿海电厂采用海水为冷却水，通常在管道口设置一对惰性电极，通入一定的电流以除去排水管中附着的生物。这是基于工业真实情境的电化学题，考查学生对电解原理的掌握及实际运用，具体考查学生对电解池电极产物的判断，元素化学知识（Cl_2与强碱反应），安全生产及设备维护知识。其实该题涉及的原理和课本电解食盐水完全相似，是对课本工业电解食盐水相关知识的迁移应用。

（四）手持技术数字化实验情境课堂教学

化学是一门以实验为基础的自然科学，实验是化学的最高法庭。以化学实验尤其是以最新的手持技术数字化实验为手段创设化学问题情境，让学生通过生动、直观的实验，感知化学反应现象，掌握化学反应规律，有助于培养学生的创新精神和实践能力，开发学生的化学实验的潜能，转变学生的学习方式，提高学生的核心素养水平，如利用手持技术实现学生对中和曲线突变点的理解，将数据计算转化成直观感受，让学生能更好地理解突变点和体积的关系，同时突破指示剂选择的问题。

以人教版高中化学必修一第48页"科学·技术·社会"中验证次氯酸光照分解产物的"数字化实验"为例：

数字化实验将传感器、数据采集器和计算机依次相连，采集实验过程中各种物理量（如pH、温度、压强、电导率等）变化的数据并记录和呈现，通过软件对数据进行分析，获得实验结论。也就是说，数字化实验是利用传感器和信息处理终端进行实验数据的采集与分析。验证次氯酸光照分解的产物可以设计成数字化实验。实验步骤如下：

（1）将pH传感器、氯离子传感器、氧气传感器分别与数据采集器、计算机连接；

（2）将三种传感器分别插入盛有氯水的广口瓶中；

（3）用强光照射氯水。同时开始采集数据。此实验可以测定光照过程中氯水的pH、氯水中氯离子的浓度、广口瓶中氧气的体积分数这三者的变化，并通过计算机的数据处理功能将这些变化显示在计算机屏幕上（图1-2-2）。通过对数据进行分析，最终可验证次氯酸光照分解的产物。此实验可测定光照过程中氯水的pH、氯水中氯离子的浓度、广口瓶中氧气的体积分数的变化。

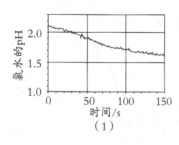
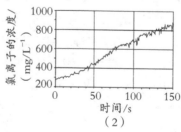
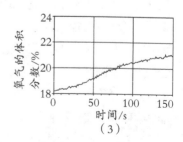

（1）　　　　　　（2）　　　　　　（3）

图1-2-2

通过手持技术数字化实验，将实验中的数据转化为图形，学生对次氯酸光照分解的产物有了定性、定量方面的深刻理解。

（五）化学科学史情境课堂教学

化学史是一部记载着人类文明进步和化学家们不息奋斗历程的科学史，它蕴含着无穷的智慧和精神力量，是我们的知识宝库。化学教学中适时利用化学史创设情境，能使化学教学与思想教育有机地结合起来，对学生进行情感熏陶，培养学生的科学素养。如在必修一"氯气的实验室制法"教学中引导学生通过阅读氯气的发现、舍勒制取氯气的过程，培养学生的科学探究精神。

这是笔者在教学中呈现给学生的瑞典化学家舍勒的情况：舍勒在一家药房任药剂师，并从事大量的实验研究工作，1774年，一次偶然的机会他将软锰矿（主要成分MnO_2）与浓盐酸混合加热，产生一种黄绿色的气体，这种气体有强烈的刺激性气味，使舍勒的肺部十分难受。而且这种气体还能溶于水，舍勒认为这是一种新型的物质，所以对它产生了浓厚的兴趣，准备对它做进一步的研究。同时，笔者也介绍了英国化学家戴维的研究成果：1810年，英国化学家戴维利用电解饱和食盐水制得氯气，又经历了多次实验，最终证实氯气是一种单质，并将其命名为"Chlorine"，有绿色之义。以上的化学史料情境以1774年舍勒、1810年戴维实验的研究发现与结论为情境，创设了学生的学习探究情境，能够引导学生明确探究任务或问题，查阅资料，提出猜想，设计实验验证猜想，数据分析，交流讨论，总结反思，进一步优化实验。

二、问题情境化学课堂教学存在的误区及突破途径

"问题情境"是指在课堂教学过程中教师根据授课内容需要设置的激活学生思维、引发学生思考、调动学生兴趣或便于学生接受的情境。

当前问题情境化学课堂教学存在的误区主要有：一是只做表面文章；二是情境素材的价值与功能挖掘不够，未能挖掘出有价值的化学问题；三是情境素材的不合理堆砌使素材变成科普介绍，不能引发学生的认知冲突；四是与本单元或本节课的核心内容不融合、不贴切，未能承载学科核心素养。

从上述误区可以看出，实施问题情境课堂教学存在的困难主要有：问题情境设计不合理、问题情境设计过于复杂、学生不能在情境中培养问题意识等。

基于以上存在的问题，新课标理念下的问题情境化学课堂教学，经过初步探索，我们创设了"四步"问题情境化学课堂教学模式（图1-2-3）。

图1-2-3

（1）问题情境：创设真实的问题情境，发现问题，提出问题，提炼问题；

（2）问题驱动：带着问题进行小组讨论，分析问题，找到解决问题的方法；

（3）模型认知：提炼、归纳出解决同类问题的方法、思路，建立思维模型，知识结构化，思维模型化；

（4）创新应用：通过建立的思维模型，解决生产生活中遇到的实际问题，在新情境中解决新的问题。

突破问题情境化学课堂教学存在误区的路径包括：一是深刻认识新课标理念下的化学学科问题情境类型及内涵；二是各学校清晰掌握本校当下问题情境化学课堂教学存在哪些误区；三是针对实际寻找创设真实问题情境化学课堂教学的方式。为此，我们必须通过实现问题情境的真实性、适切性、熟境性、教育性、诱发性、层次性，突破以上亟待解决的问题。以真实问题情境为教学载体，以生产生活实际问题为教学任务，以化学学科知识和能力为教育工具，以化学学科核心素养提升为评价要点，落实化学学科的价值观和育人目标。

第一节 在全国中文核心期刊或省级刊物发表的论文

以科学实验激励质疑 培养化学核心素养

广东省惠州市华罗庚中学 黄进添

质疑是科学研究和科学创新的原动力。有质疑就有辩论，就有碰撞，就有反思。通过化学实验激励学生细心观察，独立思考，提出问题、分析问题、解决问题，可以培养学生"实验探究与创新意识""科学精神与社会责任"等化学核心素养。

一、通过探索性实验激励学生质疑，培养学生的创新思维能力

在我的化学课上，学生常常会于不经意间产生"奇思妙想"，生发创新火花，我会借机引导学生开展讨论，发现和提出有探究价值的问题，设计探究方案，运用化学实验、调查等方法开展实验探究。大力鼓励学生勤于实践，善于合作，敢于质疑，勇于创新。

在高一化学金属钠的知识教学中，我们班的学生对金属活动性顺序表都记得很牢固，但我发现部分学生机械地认为在金属活动性顺序表中前面的金属在溶液中都可以置换出后面的金属。为此，在学生观察钠跟水激烈反应的现象后，我提出：钠能不能从硫酸铜溶液中置换出单质铜来？部分学生回答"当然可以"。我让学生把钠放入硫酸铜溶液中，并让学生观察产生的现象并分析原因。当无色气体放出和有蓝色絮状沉淀生成时，我趁机激发学生质疑"蓝色絮状沉淀怎么来的"，学生辩论得出结论：金属钠化学性质非常活泼，首先跟水发生置换反应生成氢氧化钠和氢气，氢氧化钠再跟硫酸铜发生复分解反应，生成氢氧化铜沉淀，所以钠不能从硫酸铜溶液中置换出单质铜。我让学生再仔细观察，发现蓝色絮状沉淀里有黑色成分，那是什么呢？是铜吗？质疑在一步一步深入。同学们议论纷纷，"不是铜，因为铜不是黑色的"，再深一层质疑：跟铜有关的黑色物质可能是什么呢？同学们脱口而出"氧化铜"！"那为什么会有氧化铜产生？"学生兴趣盎然，"因为钠跟水的反应放出热量，使溶液温度瞬间升高，部分氢氧化铜分解为黑色氧化铜"。这样的课堂既使学生走出钠能在溶液中置换出金属活动顺序表后面金属的误区，激发学生养成质疑习惯，又增强了学生仔细观察

化学现象"蛛丝马迹"的浓厚兴趣，培养了学生的创新思维能力。

质疑是创新的起点，实验是化学的最高法庭。通过探索性实验让学生不断地发现问题、提出质疑，激发思想碰撞。在独立思考的基础上，让学生在小组内或班级内就发现的问题提出自己的解释，展示自己的思维方法、思维过程，再用科学实验进行检验。作为老师，我尽力创设适宜的问题情境，尽可能营造和谐、协调、宽松的学习环境，让学生乐于思考、乐于动手，用实验解决问题。

二、通过创新思维能力提升，培养科学精神和社会责任感

在教学过程中，我一直秉持化学教学应密切联系生产实际、生活实际和环境实际的教学理念，进行开放式的教学，调动学生自己去看书、查资料，甚至写论文。鼓励学生对有关问题分析原因提出对策，为生产生活服务，培养学生的科学精神和社会责任感。

疫情防控期间，我在微信群给全班学生布置化学小论文的作业：你或你的家人在社会生活中曾遇到什么化学问题？你是怎样去解释或解决的？

同学们讨论最多的是当时两种较热门的消毒物品"医用酒精"和"84消毒液"。同学们都知晓，现时家中消毒医用酒精大多数是75%C_2H_5OH溶液，其可使新冠病毒蛋白质变性和脂质膜溶解。84消毒液主要有效成分是次氯酸钠（$NaClO$），其产生的$HClO$具有极强的氧化性，能够将新冠病毒氧化使其变性。钟南山院士发布在粪便中检出新冠病毒后，学生和家人对84消毒液和洁厕灵关注较多，大家都清楚84消毒液和洁厕灵（主要成分是盐酸）不能混用，因为二者结合会产生氯气：$2HCl+NaClO=NaCl+Cl_2\uparrow+H_2O$，空气中氯气浓度过高会使人中毒甚至致死，这个生活现象深化了课本氯气制取原理。而对自媒体中流传的"当84消毒液和酒精接触到一起的时候，会产生有毒气体"，有多种解释，质疑和争论较多。部分家长和学生也以为"84消毒液+酒精"会产生双倍消毒效果。根据学生已学习的氧化还原反应知识和氯气制取的原理，我引导学生查阅相关资料，并在微信群进行深入讨论、分析。因为次氯酸钠只能在碱性环境中保存，故84消毒液中会添加少量氢氧化钠。酒精和84消毒液混合，在强碱性的环境下不会产生有毒气体——氯气。但乙醇（还原剂）和次氯酸钠（氧化剂）在碱性条件下会发生氧化还原反应产生乙醛（速率很慢），乙醛有可能会被过量的次氯酸钠继续氧化成乙酸，甚至会发生氯仿反应，降低消毒效果甚至产生有毒的有机氯化物……全班学生都掌握和应用了这些知识，并将这些知识普及家长和亲朋好友，对防控新冠疫情起到了很好作用，提高了创新思维能力。

教学不仅仅是传授书本知识，授之以鱼，更重要的是授之以渔，引导学生在生活情境中去经历、去体验、去感悟、去创造。每隔一段时间我都会提出联系生产生活实际的课题，激发学生质疑和参与的热情，并引导学生将通过课题获得的感悟和心得写成化学小论文或设计成丰富多彩的探究方案。不断鼓励学生更多地参与到社会实践中，使学生深刻认识化学对创造美好生活的重大贡献，培养学生热爱自然、保护环境的绿色发展意识，从自身做起，形成简约、低碳的生活方式，培养学生的科学精神和社会责任感等核心素养。

新课标理念下的高中化学实验问题情境创新探索

广东省惠州市华罗庚中学　黄进添

新课标根据化学学科的培养目标和学科本质，提出高中化学学科的核心素养主要包括"宏观辨识与微观探析、变化观念与平衡思想、证据推理与模型认知、科学探究与创新意识、科学精神与社会责任"五个维度。当前化学实验教学中，存在部分实验现象单一、零散，传统实验大多只是简单现象描述、没有数形结合，产物对环境污染影响较大等弊端。为了解开课堂实验教学中面临的各种困惑，解决实验课程资源"散、浅、窄"的问题，需要按照新课标理念对高中化学实验进行创新和改进，扎实开展"素养为本"的教学，举行以化学实验为主的实践活动，探究化学学科本质，培养学生化学学科核心素养。我们从下面四个方面对实验进行创新研究。

一、微量药品，环境影响无害化——培养学生的科学精神与社会责任

在当前绿色环保理念的倡导下，实验创新设计纳入环境保护原则是应有之义。我们自始至终都围绕环境保护这一关键性目标进行不断的创新，选择化学药品时，以微量药品、对环境影响无害为原则。选择比较安全、环保并且费用比较低的药品，来替代毒性比较大、易燃、易爆并且成本比较高的药品。在化学实验资源有效开发、合理应用以及对学生的科学引导上下功夫，真正实现化学实验污染减量化、环境友好化、操作规范化的总体教学目标，进而培养学生科学精神与社会责任核心素养。

笔者对课本"铜与浓硝酸的反应"演示实验进行了创新改进（图2-1-1）：

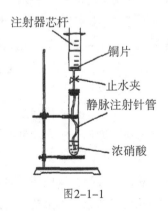

图2-1-1

在铁架台下方固定装有浓硝酸的试管，以试管上方装有铜片的注射器作为反应容器，通过静脉注射针管吸入浓硝酸，清晰地观察到红棕色二氧化氮。再从烧杯里面吸入少量水，判

断出有无色的一氧化氮生成，体积变为原来的三分之一。新颖的设计，使铜和浓硝酸反应的实验操作变得非常简单，现象特别明显，同时也验证了二氧化氮与水反应的性质和气体体积比。

我们对课本"铜与稀硝酸的反应"演示实验也进行了创新改进（图2-1-2）：

图2-1-2

在装有铜丝的注射器中吸入1mL稀硝酸，立即排出注射器中的空气，并迅速用止水夹夹紧连接注射器的软管，观察有无色的一氧化氮气体生成，吸入空气，无色气体迅速变为红棕色的二氧化氮气体，现象非常明显。实验完毕，将注射器中的溶液和气体注入氢氧化钠溶液中。本实验操作简单，药品用量小，无污染气体排放，现象明显，有效培养了学生的科学精神与社会责任核心素养。

二、绿色简约，实验装置微型化——培养学生的证据推理与模型认知

教学过程中，我们将实验所需的仪器及装置进行重新组合、拆分、简化，进而达到仪器及装置简单、微型的创新目标。这具有三方面优点：一是可简化实验装置，节约费用，使仪器成本低，试剂用量少，能源消耗少；二是节省空间，缩短试验时间，适宜在普通高中学校化学实验室进行；三是能减少污染，提高安全系数，有利于环境保护，并且实验现象明显，方便学生观察。

例如，在"苯的分子结构实验"中，课本的操作方法是"向两支各盛有2mL苯的试管中分别加入酸性高锰酸钾溶液和溴水，用力振荡，观察现象"。笔者引导学生对该实验进行了创新改进：用小药瓶代替试管，用医用一次性注射器代替胶头滴管，探究苯在水中的溶解性和苯能否让溴水、酸性高锰酸钾溶液褪色（图2-1-3），进而探究苯分子结构中有无碳碳双键或碳碳三键等不饱和键。

图2-1-3

实验中，我指导第一组学生用注射器取2mL的苯注入小药瓶中，静置，让学生观察苯的颜色和状态。然后，用注射器注入4毫升蒸馏水，振荡后静置观察发生的现象。接着再指导第二、第三组学生同样用注射器分别取2mL的苯注入小药瓶中，再用注射器分别取2mL溴的四氯化碳溶液、2mL酸性高锰酸钾溶液混合于小药瓶中，振荡，静置，观察实验现象。

实验创新设计后的优点表现在：一是用小药瓶代替试管，医用一次性注射器代替胶头滴管，密封性好，振荡时溶液不容易外溢，增加了实验的可操作性；二是操作非常简单，便于教师或者学生演示。

根据苯不能让溴水、酸性高锰酸钾溶液褪色等现象，同学们很容易得出苯分子结构中无碳碳双键或碳碳三键等不饱和键，并根据苯分子中碳碳键的键长和键能等数据，推理出苯分子中的碳碳键是介于单键和双键之间独特的键，培养了学生"证据推理与模型认知"的化学学科核心素养。

三、一物多用，操作简单一体化——培养学生的变化观念与平衡思想

化学教学课堂上做实验时往往会花费不少时间。为此，我们需要在实验过程与操作方法上进行改进，使实验简便易行，同样能达到良好的效果。如在"压强对二氧化氮自身平衡的影响"中，笔者用针筒和砝码设计了一个微型化、简便化、易操作且具有创新性的装置，悬挂在天平架上的左右两边的针筒，分别充入相同体积的二氧化氮气体和空气，下面加装相同质量的砝码（图2-1-4），非常适宜教师演示和学生分组操作。

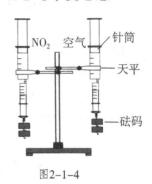

图2-1-4

课本实验只能通过观察颜色变化说明问题，用针筒加装同质量砝码后，气体减小相同的压强，左边二氧化氮的体积变化比右边空气变化大。注射针筒和天平砝码的一物多用，让学生既可以非常明显地观察到左边针筒中气体颜色的变化：先变浅后变深，最终颜色比起始时浅，又可以轻而易举地读取两边气体体积的变化。对比右边的空气，左边二氧化氮的体积变化大，用生动数据直观说明（加装砝码）压强减小，化学平衡向压强减小即气体体积增大的方向移动，从定性和定量、形象和直观多个方面对实验进行了诠释和说明。学生自然而然、水到渠成地形成了"变化观念与平衡思想"的核心素养。

四、就地取材，仪器药品来源生活化——培养学生的科学探究与创新意识

化学源于生活，又服务于生活。我们在教学中一直坚持把化学知识与实际生活联系起来，创造性增设课本没有但又与生产生活实际联系紧密的实验，使学生真正认识到化学学科的实用性和创造性。

例如，我将适量黄色的草酸亚铁粉末加入试管，在酒精灯上边加热边摇动，发生剧烈反应，产生的气体可使燃着的木条熄灭，生成极细的黑色粉末——铁粉。把小部分黑色粉末撒在石棉网上，便会立即自燃起来。把其余铁粉撒入钢丝绒中（图2-1-5），在空气中发生自燃，燃烧得灿烂美丽，学生切实体会到铁的较强的金属性，关联对比钠镁铝的金属性，从而建立金属活泼性的强弱模型。该实验既培养了学生的科学探究与创新意识，又在潜移默化中提升了学生的证据推理与模型认知核心素养水平。

图2-1-5

又如，在传统的铜锌原电池用电流表对电进行显示的基础上，加装音乐贺卡，让学生既可以看到又可以听到电子的"流动"。同时围绕如何使贺卡音乐音量变大且平稳的问题，展开对原电池原理和盐桥电池的探究。使微观的电子转移转变成宏观可见、可听的形式，培养了学生的宏观辨识与微观探析核心素养。

我们在高中化学教学中探讨了新课标理念下的高中化学实验创新的策略、途径和方法，总结提出了高中化学实验创新的理论原则：实验创新的科学性、操作的可行性、过程的安全

性、用品的简约性、思路的创新性、效果的启发性。提出了高中化学实验创新微型化、无害化、一体化、生活化、探究化等策略方法。设计了既符合时代要求又带有特色的务实、创新型的新课标理念下的高中化学实验课教学案例，极大地丰富了高中化学实验教学内容，帮助学生树立了可持续发展意识和绿色化学观念，形成了独特的化学实验教学思想，为普通高中课程改革做出了贡献。

培养高中学生化学核心素养的实验探究

广东省惠州市华罗庚中学　黄进添

党的十九大报告提出，要落实立德树人根本任务，发展素质教育。化学作为一门在生命、材料、环境、能源等领域中相互交叉、相互渗透、相互促进的学科，它的学科素养有哪些？如何在高中化学教学中有效培养学生的化学学科核心素养，进而推进化学学科的素质教育？

一、高中化学学科核心素养的基本内容

高中化学学科核心素养是高中生核心素养的重要组成部分，是高中生综合素质的具体体现，反映了社会主义核心价值观下化学学科育人的基本要求，全面展现了学生通过化学课程学习形成的关键能力和必备品格。高中化学课程标准修订组根据《中国学生发展核心素养（征求意见稿）》和高中化学课程特点，提出包含"宏观辨识与微观探析""变化观念与平衡思想""证据推理与模型认识""实验探究与创新意识""科学精神和社会责任"等五个维度的高中化学核心素养。

二、实验探究中培养学生化学核心素养的教学实践

建构主义学习理论认为：学习是一个积极主动的建构过程，学习的效能取决于学习者建构意义的能力，而不是重视教师思维的能力。该理论强调教学必须以学生为中心，强调学生对知识的主动探究和主动发现，特别关注学生对所学知识在原有经验基础上的生成，教师则由知识的传授者、灌输者转变为学生主动建构知识的帮助者、促进者、合作者。在化学实验探究教学中以培养学生的"宏观辨识与微观探析、变化观念与平衡思想、证据推理与模型认知、科学探究与创新意识、科学精神与社会责任"等核心素养为根本目的，以自主学习理论，探究教学理论为基本依据，通过创设真实问题情境，激发学生提出问题，让学生运用已有的知识和技能，像科学家做研究一样去探索和发现新知识。学生在探究中自主设计实验方案，自己摸索探究方法，自主拟定实验步骤，自行论证实验结论，通过交流和合作，自主实现化学学科核心素养的和谐发展。

1. 通过实验探究，培养学生宏观辨识与微观探析的素养

化学核心素养的培养需要通过具体的课堂来落实。在具体的课堂教学中，学生的探究活动无不显现化学学科的核心素养。例如，中和反应反应热的测定是高中化学的定量实验之一，在稀溶液中，酸跟碱发生中和反应生成1 mol水时的反应热为中和热。在实验探究教学中，让学生通过观察宏观现象而"看"到离子反应，从而建立对离子反应的认识。在实验探究教学中以50mL 0.50mol/L盐酸与50mL 0.55mol/L NaOH溶液进行中和反应为例，引导学生分析反应中的H^+和OH^-结合生成H_2O，形成新的化学键H—O键放出热量。教师提出问题："H^+（aq）+OH^-（aq）=H_2O（l）离子反应我们能看得到吗？能想办法看到吗？"通过温度计测定溶液温度的升高，我们"看"到了反应的进行。将学生对离子反应的认识彻底拉入微观层面，将"不可见"的本质变化外显出来。接着进行更深一层的探究。实验改用50mL 0.50 mol/L的醋酸与50mL 0.55mol/L的NaOH溶液进行反应，教师提问："与上述实验相比，测定的溶液温度高一些还是低一些？所放出的热量相等还是不相等？"引导同学们从弱酸电离吸热的微观层面展开分析。同学们纷纷回答，"溶液温度会变低，中和热的数值会偏小"。在同学们兴趣高涨时，教师引导学生思考把NaOH溶液换成相同浓度和体积的氨水，继续进行实验探究，测得中和热的数值偏大？偏小？还是无影响？进而验证学生的猜想：弱酸弱碱电离比强酸强碱吸收热量多。该实验成功地将微观世界宏观化，不仅帮助学生建立了中和反应的本质，而且还根据反应后溶液温度升高多少，引入酸碱强弱比较，整个实践过程贯穿着对学生"宏观辨识与微观探析"素养的培养。

2. 通过实验探究，培养学生变化观念与平衡思想的素养

大多数化学反应都具有一定的可逆性，在一个可逆反应中，外界条件（浓度、温度、压强等）发生改变，平衡可能会发生移动。只需要有针对性地控制条件，使平衡尽可能大地朝着正反应方向移动即增大反应物的转化率，即可节约原料和增大产率。在日常生活、工农业生产中经常涉及原料最佳比例、反应最佳条件、成本最低等问题。因此，培养学生变化观念与平衡思想是非常有必要的。在学习"化学反应条件对化学平衡的影响"时，也是通过实验探究来总结归纳出浓度、温度、压强对化学平衡的影响规律。例如，在讲解浓度对化学平衡的影响时，可以通过实验探究"将充有NO_2的烧瓶放入冷水和热水中，观察颜色变化情况"，分析变化原因"反应NO_2（红棕色）转化为N_2O_4（无色），正反应为放热反应。当温度升高时，平衡常数K变小，在温度升高的瞬间，浓度商Q不变，所以Q>K，平衡使Q变小的方向移动，即向生成NO_2的方向移动，颜色会变深，降温时同理颜色会变浅"，最后得出结论："在其他条件不变的情况下，温度升高，平衡向吸热方向移动；温度降低，平衡向放热方向移动。"

3. 通过实验探究，培养学生证据推理与模型认知的素养

化学是一门以实验为基础，研究物质的组成、结构、性质及其变化规律的科学。化学学科通过实验探究，可使学生证据推理与模型认知的素养得到培养。针对物质性质的研究，可先从结构入手，利用分子模型来描述和解释化学现象，预测物质及其变化的可能结果，通过实验探究，证实或证伪假设；也可依据物质及其变化的信息建构模型，建立解决复杂化学问题的思维框架。以苯的结构教学为例，教师提问"经过测定和计算，我们已知苯的分子式为 C_6H_6。观察分子式，根据烯烃、炔烃的学习经验，猜测苯分子可能有哪些结构"，引导学生利用已有知识用假说的方法研究苯的结构，学生四人一组，交流讨论。接着以故事形式插入凯库勒对苯分子的研究：苯的结构之谜，是我们化学界的"哥德巴赫猜想"。凯库勒绞尽脑汁，总是无法破解该问题。在凯库勒的梦中，"碳链蛇"不断蜿蜒盘旋着，突然，它咬住自己的尾巴……引出凯库勒结构式。同时展示该结构式下苯的分子模型。然后提出："请同学们设计实验对凯库勒结构式进行验证，看是否合理？"这时可给学生提示，联想不饱和烃的化学性质。通过实验"在分别盛有溴水和酸性高锰酸钾溶液的试管中各加入少量苯，用力振荡，静止"，观察现象说明苯中不存在与乙烯相同的双键，否定上述结构。最后教师再讲述"事实上，苯分子中碳原子间的化学键是一种介于单键和双键之间的特殊共价键。但是，为了纪念凯库勒以及历史习惯的原因，我们就用凯库勒结构式来表示苯分子"。通过教学，指导学生以事实为依据验证假说，培养学生的实验能力和实事求是的科学态度，引导学生体会结构与性质之间的辩证关系，同时让学生感受科学探索过程的艰辛与成就感，激励学生积极参与科学研究。

4. 通过实验探究，培养学生实验探究与创新意识的素养

兴趣是学习的动力，更是创新的力量。实验探究能够激发学生的兴趣，使学生的实验创新意识得到充分发挥。教师应通过实验探究来培养和发展学生的观察能力、思维能力和创新能力。实验探究的步骤如下：运用已有知识提出有探究价值的化学问题→依据探究目的设计实验方案→小组讨论优化实验方案并完成实验操作→学生独立对观察记录的实验信息进行加工并得出结论→合作小组同学交流实验探究的成果，提出进一步探究或改进实验的设想。例如，讲授铜和稀硝酸反应时，由于装置内有空气使得NO很快被氧化从而干扰

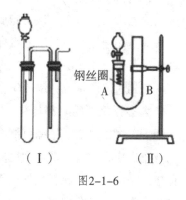

图2-1-6

了观察NO的颜色，并且过多的NO、NO_2又会污染环境，此时鼓励学生小组讨论设计"既能观察到NO颜色，又能观察到NO_2颜色，同时还可以防止气体污染环境的实验"，最后教师可提供以下两组实验装置来总结和解决问题。

在教学中多鼓励学生大胆对实验进行创新设计，激发学生的学习兴趣，提高学生解决问题的能力和创新能力，拓展思维深度和宽度，培养学生独立思考、敢于质疑和批判的创新精神。

5. 通过实验探究，培养学生科学精神与社会责任的素养

科学素养的核心是科学精神，科学精神只有在实践中才能真正养成。学生通过实验探究经历获得知识的全过程，能正确认识科学的本质，修养科学伦理道德，领悟科学知识对经济、社会的价值，认识环境保护和资源合理开发的重要性，具有可持续发展意识和绿色化学观念，在探究过程中培养社会责任感。例如，如何用金属铜制取硝酸铜，方案1是先将铜变为氧化铜再和硝酸反应，方案2是用铜直接和硝酸反应，学生通过实验探究得知，方案1既节约了原料硝酸，又没有污染环境的气体二氧化氮产生，这样的探究过程能够培养学生的科学精

神和社会责任感。在探究过程中，可以小组内分工合作，也可以小组与小组分享探究成果，实现各小组之间的交流共享，使学生从不同范围内体会到合作的重要性。在探究实验中要求学生在操作过程中体现绿色化，如试剂的取用做到适量；仪器的选择要简单轻便，价格低；有毒气体必须有吸收装置，有毒物质必须经过处理，使之转化成无毒物质；实验后的废物必须倒在指定容器内，统一进行处理回收。实验后还可以针对实验中的某些问题进行进一步的专题研讨，并在此基础上提出改进的措施，提出多个绿色化的实施方案。

可见，化学实验探究教学能有效发展学生的化学核心素养。然而，如何指导学生有效开展化学实验探究，还需要我们进一步的探索。作为教育工作者，我们一定要在化学实验教学中，积极探索，不断创新，有效培养和提高学生的化学核心素养。

新高考评价体系"四翼"下的高三化学课堂教学策略

广东省惠州市华罗庚中学　徐琴

新的高考评价体系引起了考生、家长、教师的极大关注，它是新时期高考内容改革的基础工程、理论支撑和实践指导，是深化中学教学方式改革的动力和重要基础。高考评价体系中"四翼"作为考查要求，它体现了高考中素质教育的评价纬度。当然，高考要以情境和情境活动为考试载体，传递考试内容，落实考试要求。从2021年和2022年广东新高考化学试题来看，该套试卷传承了全国卷情境设计的模式，秉承"四翼"的基础性、综合性、应用性、创新性来命题，这就需要教师围绕这四方面来开展高三化学课堂教学。

一、高三化学课堂教学要基础扎实

新高考化学卷从化学基础知识和基本技能等必备知识出发，对试题进行整体性系统化设计，注重必备知识，夯实核心内容。考查知识时，更注重课本中的主干知识，覆盖了物质的组成结构性质分类用途、物质和能量的转化、反应类型、氧化还原反应、化学实验等知识点。万丈高楼平地起，基础是关键。现以"铜及其重要化合物"为例，谈谈在高三课堂教学中如何进行基础知识的落实。

先利用预习案引导学生课前整理基础知识点：画出铜的价类二维图（图2-1-7）；根据价类二维图来设计思维导图，写

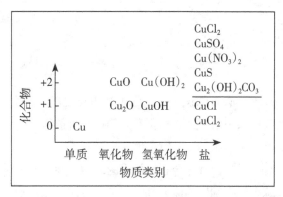

图2-1-7

出铜及其重要化合物的化学性质和化学反应方程式。

　　课上回收预习案后，将学生的作业拍照投影，在课堂上与学生一同批改错误或不规范作答，强调书写的规范性，并对CuO与Cu_2O、$CuCl_2$与CuCl、CuS与Cu_2S的化学性质和制取进行对比讲解，加深对陌生一价铜化合物的认识。接着重点复习铜的制备：①回顾"粗铜的电解精炼"基础知识，并学以致用练习经典题"由黄铜矿（$CuFeS_2$）制备Cu的流程"；②思考探究"如何利用电化学装置由Cu制备$CuSO_4$？"复习电解池和原电池的知识（图2-1-8）；③列出Cu制备$CuSO_4$的五种方案，指导学生对实验方案进行评价（图2-1-9），学习任务的层层递进，有利于学生学习能力的逐步进阶。整节课通过梳理归纳对比Cu及其相关化合物性质和制备，加深学生对核心基础知识的理解记忆，夯实学生的化学学习基础。

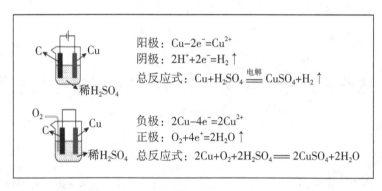

$$阳极：Cu-2e^-=Cu^{2+}$$
$$阴极：2H^++2e^-=H_2\uparrow$$
$$总反应式：Cu+H_2SO_4\xrightarrow{电解}CuSO_4+H_2\uparrow$$

$$负极：2Cu-4e^-=2Cu^{2+}$$
$$正极：O_2+4e^+=2H_2O\uparrow$$
$$总反应式：2Cu+O_2+2H_2SO_4==2CuSO_4+2H_2O$$

图2-1-8

$Cu：金属单质\xrightarrow{加入氧化剂}CuSO_4：盐$	方案评价
①$Cu\xrightarrow[加热]{非金属单质：O_2}CuO\xrightarrow{稀硫酸}CuSO_4(aq)$	
②$Cu\xrightarrow[加热]{非金属单质：Cl_2}CuCl_2\xrightarrow[加热]{稀硫酸}CuSO_4(aq)$	
③$Cu\xrightarrow{浓硫酸，加热/稀硝酸和稀硫酸混合溶液}CuSO_4(aq)$	
④$Cu\xrightarrow{AgNO_3(aq)}Cu(NO_3)_2\xrightarrow{Ca(OH)_2}Cu(OH)_2\xrightarrow{稀硫酸}CuSO_4(aq)$	
⑤$Cu\xrightarrow{CO_2、O_2、H_2O}Cu_2(OH)_2CO_3\xrightarrow{稀硫酸}CuSO_4(aq)$	
⑥$Cu\xrightarrow[O_2或H_2O_2]{稀硫酸}CuSO_4(aq)$	

图2-1-9

二、高三化学课堂教学要融会贯通

　　以必备知识为例，各个知识点之间不是割裂的，而是处在一个共同的知识网络中，必备的知识与能力、学科素养和核心价值密切相连，其内在的逻辑关系是一个整体网络体系。高考化学试题注重对考生综合分析能力的考查，必须整合每个模块的化学知识，包括基本概念、元素及其化合物、物质的结构和性质、化学反应原理等，培养学生在新情境下应用知识综合解决问题的能力。以高三复习课"原电池的工作原理及应用"为例，谈谈在高三课堂教学中如何培养学生的综合能力。

先用视频展示"电池的发展历史"，接着利用典型的原电池装置，从宏观和微观的角度分析原电池工作原理，再认识从简单原电池发展到带有盐桥、离子交换膜的原电池的过程，并学会设计简单的盐桥原电池装置（图2-1-10），帮助学生建立解答原电池问题的思维模型，利用模型揭示问题的本质及规律。通过电极反应方程式书写模型（图2-1-11）的构建，帮助学生掌握新型电池铅蓄电池、锂电池电极反应式的书写，再联系科学

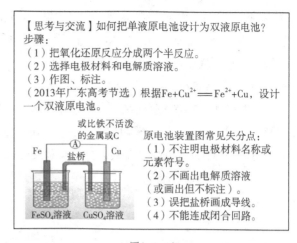

【思考与交流】如何把单液原电池设计为双液原电池？
步骤：
（1）把氧化还原反应分成两个半反应。
（2）选择电极材料和电解质溶液。
（3）作图、标注。
（2013年广东高考节选）根据$Fe+Cu^{2+}=Fe^{2+}+Cu$，设计一个双液原电池。

原电池装置图常见失分点：
（1）不注明电极材料名称或元素符号。
（2）不画出电解质溶液（或画出但不标注）。
（3）误把盐桥画成导线。
（4）不能连成闭合回路。

图2-1-10

家们在新型电池上孜孜不倦的探索，事迹如2019年诺贝尔化学奖颁给了在锂离子电池领域做出突出贡献的科学家，引导学生领悟科学家们怎样从现象到本质，从原理到实用，从简单到复杂，不断创新的过程。本节课亮点在于从基础到综合，层层深入，构建思维模型，应用知识综合解决实际问题，培养学生的学科素养。

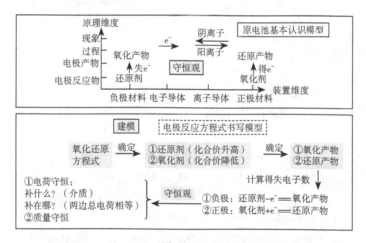

图2-1-11

三、高三化学课堂教学要学以致用

应用性方面高考考查学生利用所学知识分析和解决生产生活实际问题。要求学生学会关注我国国民经济和社会发展、生产生活实践、高科技领域等密切相关的内容和问题，善于观察思考，具有较强的分析和解决实际问题的能力。高考试题弘扬中华优秀传统文化，注重爱国情怀的培养，引导学生树立正确的价值观，发挥化学试题的立德树人作用。

以复习SO_2为例，课前发放预习案，引导学生将二氧化硫的性质进行总结归纳设计成思维导图。通过葡萄酒中的二氧化硫（增酸作用、还原型杀菌作用）作为生活情境复习二氧化硫

的物理性质和化学性质，提高学生学习兴趣，并将学生优秀的思维导图（图2-1-12）进行展示，完成知识的梳理、归纳、总结。利用解决燃煤污染问题即"我为治理SO_2污染来献策"的情境，讨论二氧化硫尾气的各种处理方法如物理方法——活性炭吸附法，化学方法（图2-1-13）——石灰乳吸收生产石膏法、氢氧化钠溶液吸收法、氨水吸收生产氮肥法、天然海水进行尾气脱硫法、Na_2SO_3吸收法等，引导学生分析反应原理及各类方法的优缺点，并逐步完成及解决问题，帮助学生实现知识的拓展和运用。整节课的亮点在于利用掌握的知识解决实际生产生活问题，认识化学科学对人类进步和发展的贡献。

图2-1-12

1. 石灰乳吸收　$Ca(OH)_2+SO_2 \stackrel{}{=\!=\!=} CaSO_3\downarrow+H_2O$
　　　　　　　$2CaSO_3+O_2+4H_2O \stackrel{}{=\!=\!=} 2CaSO_4\cdot2H_2O$

2. 氢氧化钠溶液吸收　$2NaOH+SO_2 \stackrel{}{=\!=\!=} NaSO_3+H_2O$

3. 氨水吸收　$2NH_4\cdot2H_2O+SO_2 \stackrel{}{=\!=\!=} (NH_4)_2SO_3+H_2O$
　　　　　　$(NH_4)_2SO_3+H_2SO_4 \stackrel{}{=\!=\!=} (NH_4)_2SO_4+H_2O+SO_2\downarrow$

4. 海水吸收　$2H_2SO_3+O_2 \stackrel{}{=\!=\!=} 2H_2SO_4$

5. 饱和亚硫酸钠溶液吸收　$Na_2SO_3+SO_2+H_2O \stackrel{}{=\!=\!=} 2NaHSO_3$

图2-1-13

四、高三化学课堂教学要探究创新

实验是化学的灵魂。新高考试题突出能力导向，强化化学应用，鼓励学生实验探究。按照学术研究的一般路径，以化学研究问题为背景在真实情境中确定解决问题的方案。基于教材高于教材的试题设计，重点是教学生如何使用他们所学的基础知识和基本理论来分析和解决实际问题，引导学生积极探究，增强学生创新意识和提高学生创新思维。

以复习课"电解池原理"为例，采用情境引入→模型建构→模型运用→探究实际问题的模式进行教学。该节课先以实验问题"用水质电解器电解自来水和直饮水，看看我市的水质如何"引入，复习电解原理并构建电解池模型和电极反应方程式书写模型，再以启发为手段，引导学生利用所学知识进行自主探究"自来水为什么会混浊且有气泡冒出而直饮水澄清无此现象（图2-1-14），是否说明我市的自来水水质存在问题"，引发学生积极思维活动，让学生自己去发现问题，分析问题，解决问题，最后得出结论"自来水是混合物，具有导电性，电解器阳极铁棒会发生电解生成不溶于水的铁氧化物，出现红黑色絮状物，阴极铝棒上氢离子会电解生成氢气。而直饮水是几乎不含任何离子的水，很难导电，所以看不到现象，由该实验现象不能证明水质存在问题"。整节课的亮点在于通过实验探究，给学生营造良好的课堂氛围，让学生的思维时刻保持活跃，激发学生的学习兴趣，提高学生的创新思维，增强学生的创新意识。

电解前 电解后

图2-1-14

"年年高考题相似，高考年年题不同。"认真研究新高考评价体系和新课程标准，从高考试题中去领略试题的考查意图和试题的命题方向，制定好关于高三阶段学生的化学复习策略，让高三化学复习课堂更有效率。在课堂教学中，学生注重知识的融合，加强应用，加强实验探究式学习，提高学生的研究精神和创新思维，更全面地培养学生的学科素养，让学生健康成长。

高一化学教学中实施情境教学的实践研究

广东省惠州仲恺中学　黄秀金

一、高一化学教学中实施情境教学的意义

（一）有利于学生对知识进行深层理解

以学习价值为切入点来分析，由于高中化学教学内容涉及众多概念性的深奥问题，创设情境的方式能够增强学生对知识学习产生代入感、体验感，帮助学生在真实的情境中加深对知识理解的印象，充分融入对知识的深层理解和探索过程中。教师还可在情境中帮助学生树

立化学知识体系中的学科规律、标准化知识框架等，令学生在有效的情境中展开科学的探究式学习，启发学生围绕本节课的主要教学内容进行深层次的思考和研究，突破知识重难点和盲点，重塑自身的知识结构，发现和形成属于自己的个性化学习模式。

（二）有利于提高学生的学习动力

从学生的角度来讲，在教学活动中运用情境教学法可以让学生更好地投入深度学习的环境中，引起学生对知识的探究欲望，为学生提供更多的学习动力。对于高一学生来讲，具有挑战性的情境能够激发其感知力，引发其学习兴趣，使其拥有解决问题的内驱力，从而使学生可以用好奇的眼光、开阔的知识视野、审视性的思维探索出解决问题的最佳途径。

（三）有利于获得良好的教学效果

在我国当前的教学领域中，情境教学法是较为常见的一种教学方式。在高中化学教学中，教师可融合多种其他教学法为学生创设和谐的氛围，构筑贴近学生的化学教学情境。不同的情境设定还可点燃学生的学习热情，使学生更愿意接受化学知识，保证其拥有正确的课堂参与程度，有助于学生全面融入课堂教学中学习课本知识，也提高了课堂整体的教学质量和效率。高中化学与初中化学相比更具难度，部分知识内容会更加抽象，且含有复杂的概念和难以直接吸收和理解的重点知识，使得学生在学习时受到了困扰。由于对一些概念、定义上理解得不够清晰、透彻，也会使得学生的考试成绩不如其预期。而采用情境教学法则可以解决这一问题，将原本复杂的知识内容变得简单易理解，降低了学生的学习难度，也聚焦了学生的学习注意力，使学生在学习中感受到化学知识带来的乐趣，辅助学生形成正确的学习习惯，以此获得理想的教学成效。

（四）有利于优化和完善教学内容

通过情境教学法的应用，教师可将不同的教学内容进行结合，发挥出其自身的优势，构建出和谐的化学教学环境，使学生深入了解相关知识，形成优良的基础知识理论体系。尤其在众多现代教育思想和新兴教育技术的支持下，部分教学资源可更广泛地应用在课堂教学之中，从而使学生的知识层面在横向、纵向方面都能得到有效拓展，提高学生对化学知识的掌握和运用能力，以此确保其实践能力的发展，对培养学生的化学综合素质也大有裨益。

（五）有利于推动化学学科的发展

真实的教学情境应具有相对的教学价值，能够带动化学学科的发展，而真实的情境主观价值方面包括主体的知识价值和社会价值。带有化学基础知识的情境课促进化学学科构成科学的发展标准，化学学科基本知识也由此成为拓展和巩固学生知识框架的重要渠道。学生掌握的化学知识越多，看待周围事物的眼光便会更加趋于理性化、合理化，对事物的理解能力也会相应地加强，说明在有效情境的背景下展开学习活动，可帮助学生掌握更多化学知识，带动学生进行深度学习，也体现出了高中化学学科的社会价值。

二、高一化学教学中实施情境教学的原则

（一）针对性原则

情境的创设基于学生个体思维的产生和发展，若想保证学生思维发展的有序性、可靠

性，教师在创设情境之时，其首要任务便是确保情境的创设围绕某个主体内容进行，以此来降低化学教学的难度。而对于学生个体，则要针对学生的年龄、性格、爱好、认知能力等特征，使情境的创设符合高一学生的认知规律与个性化学习需要，进而引发其学习的主动性和积极性，最大限度地获得更好的情境创设效果。

（二）启发性原则

素质教育和新课改始终强调，学生的学习应当是一个主动探究的过程，而不能以被动接受的方式代替这一流程，这体现了教育工作本身的启发性质和教师的指导作用。高中化学教师需要遵守启发性原则，在情境的帮助和教师的指引下，引导学生更加自主地寻找新旧知识之间产生的联系，以此为学生提供充足的学习动力。

（三）层次性原则

人类在认识某种事物之时，其认知水平均要经历由易至难、由简到繁、由浅入深、循序渐进的过程。因而，当教师想要将某项教学内容或任务呈现给学生时，也要遵循层次性原则，保证每位学生都能接受和理解这些内容，在情境中做到自主思考，使教学更具梯度、更系统化，注意到情境中知识要点与问题之间的关系，最终突破知识要点，让学生做到知识内化于心。

三、高一化学教学中实施情境教学的策略

（一）创设实验情境

实验不仅是高中化学教学体系中的一项重要内容，也是一种教学模式。通过实验情境的创设，教师可以将教材中文字、图片描述的化学现象转化为现实，令学生可以直面奇妙的化学现象，感受化学学习的魅力。在高中教育新形势下，教师要明确学生在实践能力方面的发展需要，为学生提供更多锻炼实践素质的机会。打造优秀的实验情境有两种方法，即利用实验辅助教学及直接组织学生进行实验操作，带领学生前往化学实验室进行分组实验，让学生亲身使用设备完成实验。

例如，在讲解"钠与相关化合物"有关内容时，本课的教学目标通常是，要求学生通过研究钠单质的物理与化学性质，认识到其活泼的金属性质，重点研究氧化钠、过氧化钠、碳酸钠、碳酸氢钠等化合物，由此掌握在观察、分析实验现象中研究物质性质的方法，体会实验在化学探究中的价值，深化对氧化还原反应、离子反应的理解。作为高中化学整体知识体系中学生系统性研究的第一种金属，也是学习物质探究的重要对象，有利于为学生今后学习其他物质夯实基础，教师可创设实验情境，实际带领学生通过实验学习本课内容。本课涉及众多实验内容，教师可选择其中的几种作为学生动手操作的内容，其他实验则以教师为学生演示或播放视频等形式完成。例如，在探究过氧化钠的化学性质时，教师可首先提出问题，以口头讲述或直接以书面实验报告的形式为学生安排任务，问题如"如何点燃脱脂棉包裹的过氧化钠？"学生会对这一问题产生好奇和疑问，在分组完成后学生议论纷纷，共同探讨将其点燃的方法，最后学生决定用在实验台上发现的装有蒸馏水和二氧化碳的瓶子进行实验。在教师的引导下，所有小组都能成功地进行过氧化钠滴水、通入二氧化碳发生燃烧的实验。

实验中，教师需要巡回走动，观察每位学生的实验操作情况，可及时予以指导和纠正。当学生遇到困难时，要根据实际情况选择直接告知或提出引导性问题让学生自主解决。每个小组的实验台上都有实验报告，其中涵盖了与本次实验有关的内容，也是对实验的归纳和总结，如"请写下两次实验的化学方程式""请对过氧化钠的化学性质、用途进行预测"等。学生填写和上交实验报告之后，教师要对本课内容进行总结，以及时巩固学生对本课知识点的理解。在此过程中，教师要对学生实验报告中的不足之处进行点拨、补充等。通过实验情境的创设，学生得以在合作实验中以动手操作的方式解决问题、研究物质性质，在实验报告的指引下，学生的观察能力、科学探究和团队合作精神均得到了培养，也令教学效果得到了全方位优化。

（二）创设数字情境

高中化学教学更加注重体现时代性，这也是对于高中生个人综合素质在时代性方面培养提出的新要求，需要教师在先进教学理论的基础上，使用与信息技术有关的多种现代教育技术，如多媒体、互联网、虚拟现实等技术为学生创设数字化教学情境，使课堂教学更具现代化气息。通过数字化教学情境的打造，教师可确保教学具有先进性，令学生得以在这种环境中潜移默化地养成个人素养的时代性特征。

例如，在讲解"原子结构与元素周期表"有关内容时，本课的教学重难点通常为，要求学生认识到元素周期表与原子结构、核外电子排布等之间的内部联系。在传统化学教学中，对于这部分的教学方式通常以单纯的记忆背诵为主，但对于当今时代的高中生来讲，这种学习方法会逐渐消磨学生的兴趣，也会降低学生思维的灵活性和创新性。此时便需要教师灵活运用信息技术创新教学方法，为学生提供一个数字化的学习环境。信息技术包括的技术种类众多，如可以利用软件编程，为学生制作一个与元素周期表相关的简单记忆游戏，将需要掌握的元素汉译名、元素符号、原子序数录入程序的数据库中，将三个属性要素进行映射对应。该程序会随机为学生展示三个要素中的一项或两项，要求学生填入剩余的项目，如给出原子序数"12"，学生应填入"Mg"和"镁"。为了增加难度，教师还可加入元素的物质状态、类型等，即常温常压下固态、液态、气态，以及碱性金属、惰性气体、非金属、类金属等。或者将该程序以"记忆配对"的方式进行，主要围绕元素符号和汉译名，挑选出其中若干需要掌握的元素，以长方形矩阵摆放印有符号或汉译名的"卡片"，全部以背面朝上的方式展示给学生。每次翻开两张"卡片"，如果符号和汉译名对应正确则保持正面朝上，否则恢复原状。要求学生在规定时间内将所有"卡片"对应正确的符号和汉译名，直到"卡片"全部正面朝上为止。以这种形式让学生可以在使用小游戏程序时加深对元素周期表的有效记忆，自觉总结出其中蕴含的规律。通过观察元素周期表可知，这个表的内容并非完整，几乎每隔几年便会更新一次，这是新的元素在不断被人们发现和制得而导致的。教师可基于这一点为学生扩展相关背景知识，利用网络平台、新媒体、公众号等方式，向学生推送相关的文章、短视频等。例如，从20世纪末开始104号至111号元素的发现历程；为何未知元素和未确定正式名的元素会以"Uu某"命名；近几年来的113、115、117、118号元素的名称是如何确定的；为何112、114、116号元素没有联合国认可的官方名称等。这种方式有利于充实学生的课余生活，使其化学思维与现代化接轨，也能拓宽学生的视野。而对于原子结构、核外电子排布方面的知识讲解，教师可考虑使用建模技术，为学生创造不同元素的原子结构立体模型，将教材中的原子结构示意图三维化，再根据原子半径调整其大小，使相关内容的讲解更为直观、生动。通过对模型的放大、缩小、旋转等操作，方便学生的观察和理解。整个教学过程中采用多种信息技术创设数字化情境，能够让教学实践更具时代特色，使教学活动得以顺利进行。

（三）创设生活情境

化学在生活中的体现较为丰富，生活中的各种化学现象也较具有趣味性。化学知识与技能的学习可以指导学生的实践活动，帮助其更加深刻地观察生活中的化学现象，将所学知识应用其中。教师应利用生活现象或实际问题，联系社会现象或日常生活，将生活化元素引入情境创设中，让学生思考化学问题，最终得以更加系统、深刻地掌握知识内容，帮助学生培养良好的学习意识。

例如，在讲解"硫与相关化合物"有关内容时，通常本课会要求学生理解硫单质与其化合物的物理和化学性质，与生产和生活进行结合，体会生活中化学知识的应用。在硫的众多化合物中，硫化氢是一种贴近生活的物质，其"臭鸡蛋"味道也会给人们留下"深刻的印象"。为了引发学生的兴趣，教师可引入生活化问题，如"夏季是硫化氢中毒的高发季节，如果附近的工厂硫化氢气体发生了泄漏，大家会怎样做？"教师可让学生自主思考和讨论，再将自己的想法进行表达。对于学生的回答，教师可在学生分享足够的观点后，以多媒体视频的方式为学生展示正确的处理方法，再对硫化氢知识内容进行详细讲解。这种方式可活跃教学气氛，为学生带来更多有趣的教学体验。

综上所述，当今的高中化学更加注重培养学生的创新精神和问题意识，为了迎合这一教学趋势，教师应恰当应用情境教学法。通过创设实验、数字、生活情境，实现打造高效课堂的目标，切实提升教学的有效性，进而推动我国高中化学教学事业的长远发展。

在化学教学中培养学生的学科核心素养

——以"富集在海水中的元素——氯"为例

广东省惠州市华罗庚中学 陈月香

化学核心素养是现代公民必备的科学素养，也是学生终身发展的重要基础。化学课程是促进学生化学核心素养形成和发展的重要载体，对于化学科学文化的传承和化学科技人才的培养具有不可替代的作用。化学教学应立足于学生适应现代生活和未来发展的需要，充分发挥化学课程的整体育人功能，发展学生的化学核心素养，为学生的终身发展打下基础。

"富集在海水中的元素——氯"是人教版高中化学教材第二章第二节的教学内容。下面以本节内容为例，简述化学教学中培养学生化学核心素养的具体做法。为了行文方便，笔者对教学内容的先后顺序做了适当调整。

一、建构化学基本观念

化学基本观念主要包括分类观、元素观、微粒观、转化观、守恒观、实验观、科学本质观、学科价值观。本节课中，笔者以氯气性质的预测，以及氯气能否与水反应这两个主要问题作为载体，培养学生的分类观、微粒观和学科价值观。

（一）触类旁通推测性质，建构分类观

世界上的物质极其丰富，每种物质既有各自的特性，也有与其他物质相同或相似的共性。把某种物质或变化归纳到某一类中，用"分类"的观念来认识和思考，这样就容易把握化学问题的实质，找到解决问题的思路和方法。

因此，笔者设计了如下问题：氯气是属于哪一类物质？该类别中有你熟悉的物质吗，这些物质具有哪些类似的性质？以此你能推测出氯气具有哪些性质吗？

（二）分析现象探究本质，构建微粒观

学习化学时，在类比推测、实验验证、归纳性质的基础上，还要从微观结构上认识问题的本质。为此，在探究新制氯水的成分时，笔者就把问题转化为：如果氯气可以和水进行反应，那么氯水中存在什么微粒，请同学们用实验验证。接下来，笔者让学生自行讨论设计实验，并且让学生把实验过程以表格的形式加以体现，探究氯水的成分（表2-1-1）：

表2-1-1

实验内容	实验现象	实验结论（氯水中存在何种微粒）

通过实验探究，学生得出：新制氯水中存在氯气分子、水分子、氯离子、氢离子和一种具有漂白性的未学的新粒子。笔者再引导学生，此新粒子即次氯酸分子，从而推知氯气与水反应的本质，并写出氯气与水反应的化学方程式、离子方程式。

（三）探究物质用途，培养学科价值观

化学学科不仅仅是符号、原理的堆积，更是提高我们生活质量、生产效率的有力武器。为此，在讲解次氯酸的性质时，笔者设计了两个问题情境：

情境1.生活中，我们常用氯气来给自来水消毒，其中什么物质在消毒过程中起到关键作用？

情境2.次氯酸具有漂白性，那么如果你将次氯酸溶液作为漂白液出售，会有市场吗？

二、发展实验探究能力

本节课中，笔者抓住"氯气能否与水反应，新制氯水中含有哪些成分"的问题，培养学

生的实验探究能力。

首先设置情境：我们每天都要使用自来水，经常发现自来水有股特殊的气味，这种气味来源于什么物质？对于这个问题，学生通过讨论，设计了不同的实验方案，有的设计用装有氯气的试管倒扣在水中，观察试管内液面的变化情况，有的设计观察新制氯水的颜色，通过氯水的浅黄绿色说明氯气能溶于水。在确定氯气能溶于水后，紧接着提出另一个问题：氯气能与水反应吗？这个问题学生比较难以自主解决，所以笔者引导学生进行思考，氯气如果不与水反应，氯水中只有氯气和水，如果反应，会生成什么物质，可以从元素守恒的角度来猜测，并引导学生自行验证或猜测。其次，笔者给学生提供如下的实验药品：氯水、镁条、稀硝酸、$AgNO_3$溶液、pH试纸、石蕊试液，让学生进行分小组实验。学生通过小组讨论，进行了以下的实验，并记录相应的现象和结论（表2-1-2）。

表2-1-2

实验内容	实验现象	实验结论
观察新制氯水的颜色和状态	氯水呈浅黄绿色	氯水中有Cl_2
用石蕊试纸检验溶液的酸碱性	溶液先变红后褪色	氯水中含有H^+，还有一种漂白性物质
将除去表面氧化膜的镁条置于试管中，加入新制氯水	氯水褪色，镁条表面有气泡产生	氯水中含有H^+
将少量用硝酸酸化的硝酸银溶液滴入氯水中	有白色沉淀产生	氯水中含有Cl^-
将红纸条置于盛有氯水的试管中	纸条褪色	有漂白性物质生成

最后，针对实验中出现的意外现象——石蕊试液和pH试纸都是先变红后褪色，提出最后一个问题：氯水中哪种物质有漂白作用。

三、培养"三重表征"思维

本节课中，笔者重点通过引导学生探究氯气与水反应本质的过程，培养学生的"三重表征"思维。

（1）利用不同的试剂与氯水反应，你分别观察到哪些现象？（宏观表征）

（2）分析以上现象，可知氯水中存在哪些微粒？（微观表征）

（3）请尝试用化学方程式表示出氯气与水反应的本质。（符号表征）

通过以上问题情境，驱使学生进行整体、连续的活动，有效地强化了学生的"三重表征"思维。

本节课中，教师通过引导学生进行自主、合作、探究等活动，学生在学习过程中自主获取化学学科知识、形成化学学科观念、体验化学实验探究的过程，从而逐步形成化学学科的核心素养。并运用化学"三重表征"的思维方式分析和解决实际问题、认同和践行化学学科价值追求。

第二节　获得广东省中小学创新教育二等奖论文

应用手持技术数字化实验突破酸碱中和滴定曲线的认知障碍

广东省惠州市华罗庚中学　洪文洁

一、问题提出

酸碱中和滴定分析法是高中化学阶段学生需要学习的重要滴定分析法，它在工农业生产和科学研究中具有很高的实用价值。同时酸碱中和滴定曲线作为历年高考考查的热点题型，它是各种图像题型如沉淀滴定曲线，分布系数图（描述pH与体系中组分的平衡浓度占总浓度的分数的关系图）等问题分析的原型，题目中常涉及水的电离、弱电解质的电离、沉淀溶解平衡等水溶液中的离子反应及平衡，知识点多，综合性强，是备考复习中的重要内容。此外在《普通高中化学课程标准（2017年版2020年修订）》化学反应原理模块中明确指出强酸和强碱的中和滴定实验为学生必做实验，在化学实验选修模块中明确指出要学生掌握滴定的基本实验操作，知道如何对实验数据进行分析，能分析产生误差的原因，初步形成定量研究的意识。

传统的酸碱中和滴定教学在关于酸碱中和滴定原理、酸碱式滴定管的使用、滴定终点的判断、数据的收集和处理上都能对学生有非常好的指导作用，但多数学生在进行误差分析时仍存在逻辑混乱、思路不清晰的问题；而在滴定曲线的形成上需要通过理论计算再作图，时间耗费长，不再适应当下四选二科目的时间分配问题，另外关于滴定突跃、酸碱指示剂的选择及滴定终点和恰好中和点的区别上都只能依靠学生的想象力及抽象思维能力进行理解，对大部分学生而言是非常难突破的障碍点；最后在综合性图像分析题目中，学生多数不懂得如何下手分析，缺乏解题技巧与思路。

通过手持技术数字化实验绘制酸碱中和滴定曲线，方便快捷，可以有效解决当前时间分配的问题；同时通过现象表征和图像表征的同步进行，给学生以感观上的冲击，能够有效帮助学生理解滴定突跃、酸碱指示剂选择及滴定终点和恰好中和点的区别等问题，而通过图像的形成过程也能够有效帮助学生建立图像分析的一般思路与方法。然而本文通过中国知网搜索"酸碱中和滴定曲线"，总共搜索到116篇相应的文献，再利用"手持技术数字化"在结果中进行搜索，只有2篇相关的文献，说明在这方面的研究目前仍较少。

本文通过结合前面传统教学过程中学生存在的问题，借助文献研究，对本节内容进行结构化处理，希望可以解决以下几个问题：

（1）帮助学生建立明确的逻辑关系，解决误差分析的易混点。

（2）突破酸碱指示剂选择、滴定终点、化学计量点和恰好中和点的障碍点。

（3）确定图像分析的一般思路及解题技巧。

二、教学目标

（1）通过问题引导，帮助学生建立中和滴定过程中待测量与实验变量之间的逻辑联系，解决误差分析的易混点，发展证据推理的核心素养。

（2）用手持技术数字化实验实现酸碱指示剂选择、滴定终点与恰好反应点（化学计量点）的关系、与恰好中和点的区别三大障碍点的突破，培养科学探究意识和证据推理意识。

（3）用手持技术数字化实验图像形成过程，帮助学生建立图像分析的一般思路及解题技巧，提高用化学知识分析解决问题的能力，发展宏观辨识与微观探析的核心素养。

三、教学思路

	问题线	活动线	评价任务
理论探究1	问题1：如何通过硫酸浓度的计算，有效分析滴定过程中变量数据的来源	活动1：确定滴定过程中各物理量之间的联系，建立待测量与变量间的逻辑关系	评价1：误差分析题目训练
理论探究2	问题2：如何有效利用实验现象和图像形成过程双重表征突破学习障碍点	活动2：演示手持技术数字化实验	评价2：学生总结
理论探究3	问题3：如何有效使用图像的特征分析图像的化学含义	活动3：分析滴定曲线图	评价3：设置图像分析题目，检验图像分析的一般思路运用情况及学习障碍点的突破情况
反馈总结		活动4：系统梳理本课知识点和方法	

图2-2-1

本课程围绕障碍点的突破、图像分析一般思路的建立主要进行以下几个要点的设置：

通过"问题1"和"活动1"，帮助学生明确滴定原理与实际实验过程中待测量与变量之间的逻辑关系，引入恰好中和的概念，与下一环节的滴定终点冲突做好铺垫。

通过"活动2"，利用手持技术数字化实验的现象表征与图像表征双重结合，给学生以视觉上和感观上的冲击，直观认识到pH突跃时指示剂颜色发生变化，突破指示剂选择的难点；同时通过观察滴定过程中图像"点"的变化，学生可清楚认识到化学计量点与滴定终点相差甚微，虽不在同一点，但在误差允许范围内，所以计算时滴定终点与化学计量点等同；再通过分析图像纵坐标的数值，学生明确恰好中和点与滴定终点的区别，落实恰好中和点与滴定终点区别这一障碍点的突破。

通过问题3和活动3，带领学生整合上一环节手持技术数字化实验过程中图像形成特点、图像形成过程中关注的重点，与学生一起分析得到图像分析过程所要注意的特殊点，形成图像分析的一般思路以及解题技巧，最后通过评价3检验本节课的教学目标是否能够达成。

四、教学过程

理论探究1：酸碱中和滴定原理的应用

教师：投影展示两组习题讨论，引导学生通过酸碱中和滴定原理进行解答。

思考讨论1：20.00mL的H_2SO_4溶液中，加入0.100mol/L的NaOH溶液25.00mL后溶液恰好中和，请计算该H_2SO_4溶液的浓度。

思考讨论2：实验室用0.100mol/L的NaOH溶液滴定未知浓度的稀硫酸20.00mL，请列出二者存在的关系式＿＿＿＿＿＿。在计算该硫酸浓度时，＿＿＿＿物理量是已知的，＿＿＿＿是待求的，＿＿＿＿是滴定过程中获取的。

学生：根据教师展示的思考讨论进行思考，小组讨论，然后小组间汇报交流。

教师：从以上题目的分析中，大家认为在测定待测液浓度时，能对测定结果产生影响的因素有哪些呢？

教师总结：在酸碱中和滴定实验中，根据A（待测液系数）$\cdot c$（标）$\cdot V$（标）$=B$（标准液系数）$\cdot c$（待）$\cdot V$（待），所以c（待）$=\dfrac{A}{B} \cdot \dfrac{c（标）V（标）}{V（待）}$，虽然在实验过程中每个环节的错误操作都有可能导致最终测定结果的偏差，但我们只要将错误操作最终对标准液体积的影响判断出来，就可以分析出该操作对待测液浓度的影响。

教师：投影习题讨论，趁热打铁解决误差分析问题。每个小组解决1个问题。

用已知浓度的盐酸滴定未知浓度的NaOH溶液，选用酚酞作指示剂，下列操作会使c（NaOH）如何变化？填"偏高、偏低、无影响或无法判断"。

（1）酸式滴定管未用标准酸溶液润洗。

（2）碱式滴定管未用待测溶液润洗。

（3）锥形瓶洗净后还留有蒸馏水。

（4）取碱液的滴定管有气泡，读数时气泡消失。

（5）酸式滴定管滴定前尖嘴处有气泡，达到滴定终点时气泡消失。

（6）振荡锥形瓶时部分液体溅出。

（7）酸式滴定管滴定前仰视，滴定后俯视读数（或前仰后俯）。

（8）滴定达到终点时，发现滴定管尖嘴部分有悬滴。

设计意图：学生已经比较熟悉酸碱中和反应的原理，但在实际实验过程中，具体要测定的物理量是哪个，实验误差产生的本质原因是什么，对不少学生来说仍然是一个困惑点。两个思考讨论层层递进，足以突破学生的困惑点，再通过总结测定结果的影响因素，锻炼学生的思维能力，帮助学生建立误差分析的解决思路。再选取经典错误操作，帮助学生强化误差分析的思路，落实教学目标。

理论探究2：突破酸碱中和滴定曲线理解的障碍点

教师：在上一节课我们已经学习了如何正确地使用酸碱（式）滴定管进行滴定操作，但是在课后还是有很多同学不理解如何正确选择指示剂、滴定终点和恰好中和点等问题。如果我们可以让实验现象和图像同时生成，是不是就能够很好地解决这些问题呢？今天我们就借助新型的手持技术数字化实验（图2-2-2），看看它能带给我们什么启示。

实验器材：pH传感器、滴数传感器、磁力搅拌器、锥形瓶（烧杯）。

实验药品：标准的0.100mol/L NaOH 溶液、未知浓度的盐酸、酚酞指示剂。

在演示过程中，请大家带着以下问题认真观察烧杯中溶液颜色的变化，同时观察智慧黑板上曲线的变化（图2-2-3）。

（1）曲线出现突跃时烧杯中溶液颜色有何变化？

（2）滴定终点是如何确定的，它和恰好反应点以及恰好中和点有何关系？

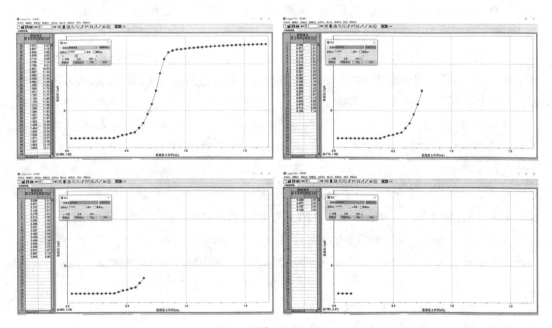

图2-2-3

学生：根据实验现象回答问题。

小组1：当溶液出现局部变红，但是搅拌后又褪色时，曲线开始往上快速爬升。

小组2：溶液突然持续变红，感觉都没有一滴溶液。老师这里滴加速度应该要再放慢一些。

小组3：指示剂变色的范围刚好在曲线突跃的范围内。

……

教师：大家观察都很仔细。在指示剂颜色变化时确实滴加速度要减慢，这个刚刚还是没有控制好，第2小组提醒得非常好。从大家的总结中我们可以直接得出这样的结论：只要指示剂的变色范围在突跃范围内，那么这个指示剂就能够使用。

我们在上一节课是怎样判断滴定终点的，由此可以确定滴定终点和化学计量点有什么关系吗，如何找滴定终点呢？

学生：小组讨论回答问题。

小组3：滴定终点就是指示剂变色的点，它和恰好中和点没有在同一位置，所以二者不能直接等同。恰好中和点代表的就是室温下，pH=7的点，我们可以通过图像的纵坐标确定恰好中和点的位置。

小组6：这个实验恰好反应时，溶液刚好呈现中性，所以化学计量点和恰好中和点重叠。从数据显示可以看出滴定终点和化学计量点的数据相差很小，应该可以忽略误差，认为二者等同。

教师：大家考虑得都非常全面，总结得也很全面。

（1）滴定终点实际上就是能够引起pH突跃的点，它处于pH突跃范围之内，我们可以通过溶液颜色变化进行确定。对于本实验而言，它与恰好中和点相差不大，在误差允许的范围内。

（2）恰好中和点通过图像的纵坐标进行确定，而化学计量点在已知酸、碱浓度时是通过所滴加的体积进行确定的。我们在后面的章节会继续探究盐的酸碱性，届时大家就会发现化学计量点与恰好中和点并非一定在同一点上。

设计意图：本实验的目的在于借助手持技术数字化突破学生关于指示剂选择、滴定终点与酸碱恰好中和点的区别这两个障碍点，所以实验仪器、药品在课前就已经全部组装完毕。学生通过观察滴定过程中图像的突跃可以看到实际滴定过程中很难恰好滴到反应中和点，可以清楚地认识到滴定终点与恰好中和点并非同一点，能够引起pH突跃的点就可看作滴定终点；学生通过pH曲线图可以直观看到pH值突跃时，指示剂颜色的变化，并且通过数据定位可以发现突跃范围恰好与指示剂变化范围大部分重叠。课堂重点在于结合本实验的现象表征与图像表征使学生突破对酸碱中和滴定曲线理解的障碍点，同时通过新型仪器的引入，开阔学生的眼界，激发学生的学习兴趣，让学生意识到科技的重要性。

（三）理论探究3：图像分析的要点

教师：从pH图像的形成过程中，我们可以找到三个特殊点。（表2-2-1）

表2-2-1

起点（未开始滴溶液时）	恰好完全反应点	中性点（pH=7）
酸或碱	盐	盐、盐与碱或酸

还有另外两个经常设置的考点（表2-2-2）：

表2-2-2

半点（盐与酸或碱的等量点）	倍点（盐与碱或酸的等量点）
盐与酸（碱）物质的量比为1：1	盐与碱（酸）物质的量比为1：1

教师：投影图像分析习题，学生思考讨论。（图2-2-4）

---

1. 用0.100 mol·L^{-1}的标准盐酸分别滴定20.00 mL的0.100 mol·L^{-1}氨水和20.00 mL的0.100 mol·L^{-1}氢氧化钠溶液的滴定曲线如图所示（甲基红变色范围：4.4~6.2：橙—红—黄），下列有关滴定过程说法正确的是（　　　）

A. 曲线I代表氨水

B. 曲线I在20mL时盐酸恰好完全反应

C. 从滴定曲线可以判断，使用甲基橙作为滴定过程中的指示剂准确性更佳

D. 曲线I在滴入最后一滴盐酸溶液时，溶液由红色变成黄色

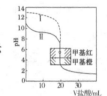

2. 室温下，用0.1 mol·L^{-1} NaOH溶液分别滴定体积均为20mL、浓度均为0.1mol·L^{-1}的HCl溶液和HX溶液，溶液的pH随加入NaOH溶液体积变化如图，下列说法不正确的是（　　　）

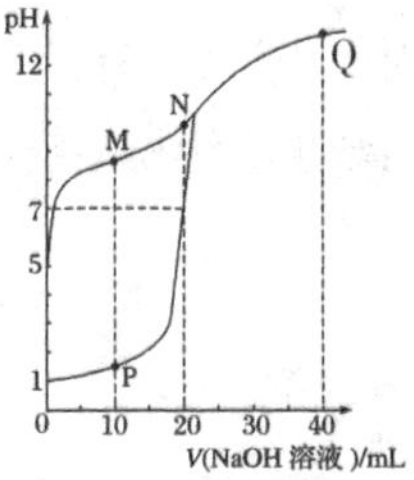

A. HX为弱酸

B. M、N两点水的电离程度：M<N

C. 滴定HX溶液时应该选用甲基橙作为指示剂

D. P点溶液中HCl和NaCl的物质的量之比为1：1

E. Q点溶液（设此时为HCl对应的曲线）的pH值为13-lg3

图2-2-4

【总结】图像分析的一般思路。（图2-2-5）

看纵坐标或横坐标表示的量，搞清楚是酸入碱还是碱入酸 ⇨ 看起点，通过起点判断被滴定物质的酸性或碱性强弱，通常会涉及Ka/Kb计算 ⇨ 找滴定终点（恰好完全反应点，通过横坐标上的体积判断）和pH=7的中性点（通过纵坐标判断），判断滴定终点时溶液的酸碱性，然后确定中性点（pH=7）位置 ⇨ 分析其他特殊点（如半点、倍点），确定对应点的溶质，进而判断溶液的性质等

图2-2-5

设计意图：本模块通过上一环节pH图像的形成过程以及讨论的要点，能够非常快地帮助学生找到分析滴定曲线时的三大常考特殊点：起点、恰好反应点、恰好中和点；而在上一环节中，学生已经掌握如何找到对应三点的技巧；除此之外，引导学生关注另外两个常考的设置点，一半点和倍点，引导学生注意此时溶液中具体的溶质以及物质的量的关系。最后通过两道经典题目的改编，实现图像分析及学习障碍点的目标追踪。

五、教学反思

（1）"理论探究1"通过1个简单计算、1个具体实操获取的物理量、1个问题思考，由简入难，层层递进，帮助学生建立严谨的逻辑关系，教会学生怎么想、怎么学，最后通过精选常见误差分析题目检验学习效果。

（2）"理论探究2"利用手持技术数字化实验以及Vernier Graphical Analysis软件，实现解放双手，同时获取实验现象、数据及图像，方便快捷，准确率高，更具有说服力。通过问题设置，引导学生观察与讨论，实现学生对pH突跃点、突跃范围、指示剂的选择及滴定终点和恰好中和点等概念的理解。但是手持技术数字化实验测定pH不能完全替代传统实验，只能作为辅助手段，帮助学生突破障碍点。另外在做该实验过程中，发现除了要严格控制好酸碱的浓度、滴加速度外，磁力搅拌器的搅拌速度对结果也有较大的影响，需要在课前进行多次重复的实验找到最适合的实验条件。

（3）"理论探究3"通过分析图像建立的过程，帮助学生理解思维认知模型是基础知识的内化，有利于提高学生获取和分析信息的能力。同时通过分析高考常考题型，结合当前所学知识，对知识进行结构化并提炼出适合当前学情的习题，帮助学生突破对图像分析的心理障碍，提高学生应用模型解决问题的能力。

新课标理念下的问题情境
化学课堂教学优秀案例

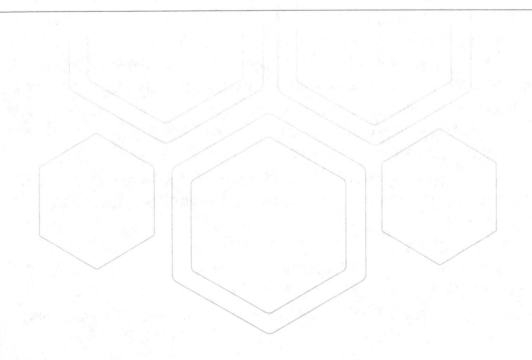

第一节　广东省名教师工作室推荐
入围省级优秀教学设计

基于事物都有"两面性"的情境教学研究
——以"二氧化硫的性质"教学设计为例

惠州仲恺中学　黄秀金

一、"二氧化硫的性质"教学设计综述与启发

（一）问题的提出

1. 教学中负面情境使用过多

现在我们的生活中，有很多人都是闻"化"色变，认为化学就是有害的，歪曲了对化学的认识，如说洗洁精洗碗会致癌等。为什么会这样？我觉得原因很复杂，其中化学教育工作者和社会舆论对民众的影响很大。我们经常从化学课堂上或者新闻上听到许多负面的、骇人听闻的例子，如酸雨、臭氧空洞等环境问题；油漆有甲醛，人吸入体内会导致白血病；果蔬的催熟剂，可能导致人体内激素过量；奶粉里添加了三聚氰胺对人体肾脏有损害；84消毒液与洁厕剂混合导致的中毒；等等。这些信息，经过现代媒体，尤其是互联网的传播，导致很多对化学知识了解不深的民众对化学及化学学科产生误解。

2. 元素的化学性质教学中缺乏建立模型学习认知

元素化合物的化学性质的知识是中学化学学习中的重要组成部分，我们平时的教学经常是直接教学，缺乏引导学生从物质的分类、氧化还原反应以及物质的本身的特殊性三个方面来对物质的化学性质进行建模学习。

（二）研究方法

本研究以中国基础教育期刊全文数据库（CNKI）为数据来源，参考《"1+8"套餐深度教研的理论与实践》《核心素养导向的化学教学设计》，从"情境设置""模型学习""实验探究"等几方面展开研究，对搜索到的相关学术期刊进行分析研究，以找到融合STSE教育

理念的有效教学方式。

（三）研究结果

笔者查阅中国知网期刊数据库，以"二氧化硫""二氧化硫的性质和作用"为主题进行文献检索，发现有95条结果，我阅读了其中的30篇，这些教学设计风格多样，融合了不少先进的教育理念和教学模式，如STSE、元素观、项目式教学法、基于化学学科核心素养等。

在这些教学模式中，较多的都是选取一种情景，如二氧化硫形成酸雨的危害，关注环境保护；红酒里加入二氧化硫的作用；硫黄熏制中草药、干果、草帽、纸张等。缺乏针对"事物都有两面性"的情景教学，既要让学生认识到二氧化硫形成酸雨对社会环境的负面影响，二氧化硫的过度添加对人体造成的伤害，也要让学生认识到二氧化硫在食品里做抗氧化剂，有"护花使者"的作用，引导学生辩证地认识化学物质，不能闻"化"色变！

在思路设计上，大多数关于二氧化硫的教学设计存在"千课一面"的现象。教学框架、流程、情境、素材、资源、活动、实验等环节都大同小异，使教学设计缺乏个性，教学活动缺乏全面系统、层层深入的思维架构，缺乏解决真问题、经历真探究的活动空间，没有给学生建立一个学习"物质的性质"模型认知。

我认为在教学设计里，应既将二氧化硫形成酸雨、二氧化硫的过度添加会对人体造成伤害引入情境，又将葡萄酒中添加二氧化硫作为抗氧化剂引入情境，从而达到既能引起学生的好奇心，也能引导学生辩证地认识化学物质，正确地面对化学问题。在二氧化硫的性质学习中，引导学生通过抓"三观"来理解化学性质：分类观（物质的分类：酸碱盐）；元素观（氧化还原反应：特定元素的价态）；微粒观（特殊性、检验：典型物质）。给学生建立一个学习"物质的化学性质"的模型，以便学生以后学习更多物质的性质。

（四）教学启发

1. 创设具有两面性的生活情境进行教学

任何事物都具有两面性，甚至多面性。从不同的角度去看问题、去思考，能够更深刻地发现事物的本质。作为教育工作者，我们应在课堂上教会学生辩证地去认识化学，让学生从一开始就认识到，其实化学是可爱的、可控的，只要我们认真学习，掌握好相关化学知识，化学大可为我们所用，为我们人类进步提供力量，从而不再闻"化"色变。

2. 通过抓三观，建立学习"物质的化学性质"的模型

新课标提出：知道通过分析、推理等方法认识研究对象的本质特征、构成要素及其相互关系，建立认知模型，并能运用模型解释化学现象，揭示现象的本质和规律。在二氧化硫的性质学习中，引导学生通过抓"三观"来理解化学性质，给学生建立一个学习"物质的化学性质"的模型，以便学生以后学习更多物质的性质。

二、教学设计

本课选自人民教育出版社必修二第五章第一节第二课时。

（一）教学思想

新课标指出：学科核心素养是学科育人价值的集中体现，是学生通过学科学习而逐步形

成的正确价值观、必备品格和关键能力。本课的核心内容是二氧化硫的性质，它是高中元素化合物中重要的非金属元素性质之一。本课的目的是通过对该物质性质的学习，发展学生核心素养，发挥高中化学对学生核心素养发展的特殊作用。

因此，本节课通过设立对立的情境，让学生从正反两方面认识二氧化硫，教会学生辩证地认识化学，学习化学知识，形成正确的价值观。通过从"三观"来学习二氧化硫的性质，建立学生学习物质性质的模型认知。本课以"二氧化硫的性质"为模型建构载体，以"建模教学"为教学模式，以"对立情境教学法""演示实验探究法""联系历史、联系生活法"为主要建构法。

（二）教学分析

1. 本节课程的性质、地位与作用

本课选自人教版高中化学必修二第五章第一节第二课时，是一节理论学习课程。教学中既要帮助学生理解所学的知识，又要适当控制深度和广度，以减轻学生负担。在学习二氧化硫是酸性氧化物时适当拓展，让学生能说出酸的通性并能写出相应的反应方程式。二氧化硫中硫是+4价，处于中间价态，所以它既能被氧化也能被还原。二氧化硫有漂白性，能与某些有色物质结合，生成无色物质，该物质不稳定，受热易分解。教材对二氧化硫知识的介绍比较全面，可以在教学中对二氧化硫的性质进行及时归纳、整合，使新知系统化、结构化。

通过二氧化硫物理和化学性质的学习，使学生在高中的学习中能更好地对物质性质的知识进行梳理归纳和记忆。为整个后续的理论学习总结出好的学习方法，从而激发学生对化学的学习兴趣和热情。

2. 学情分析

学生已经知道可以从色、味、态、密度、沸点、溶解性等方面来学习二氧化硫的物理性质。此部分内容，学生可以通过自主阅读进行掌握。通过前面关于分类的学习，学生可以根据物质的分类来研究二氧化硫的化学性质。在学生的知识基础方面，学生此前学习过二氧化碳的性质。学生可以类比二氧化碳进行学习。前面也学习了氧化还原反应，也可以从氧化还原的角度来综合认识二氧化硫的氧化性和还原性。

但是，学生目前只能单一地从某一方面来学习，没有对物质的性质学习形成系统，建立模型。因此本课将引导学生从三个方面来学习二氧化硫的性质，建立学习物质性质的模型。

（三）教评目标

1. 教学目标

（1）宏观辨识和微观探析

掌握二氧化硫的化学性质，能够从化合价的角度预测、分析、解释二氧化硫的化学性质，并用化学语言进行表述。

（2）证据推理与模型认识、实验探究与创新意识

基于SO_2的用途对SO_2的性质提出假设，通过实验探究对假设加以证实。通过抓"三观"来理解化学性质，引导学生建立物质的性质的学习模型。

（3）科学精神和社会责任

在探究中培养严谨科学的研究精神：肯定SO_2对人类生活做出的巨大贡献，但是要客观分析其对环境和人类健康造成的负面影响，引导学生辩证地认识化学，做出正确的价值判断，积极寻找化学在解决环境问题中的作用，培养学生可持续发展观念和绿色化学的意识。

2. 评价目标

（1）通过对二氧化硫化合价的分析进行点评，评价学生的化学符号表征能力。

（2）基于SO_2的用途对SO_2的性质提出假设，进行实验探究，并从"三观"来理解化学性质，判断并发展学生的实验探究能力、证据推理与模型认识的能力。

（3）通过对二氧化硫性质的学习，以及二氧化硫在生活中的两面性认识，让学生谈谈未来在遇到一种新物质时我们应该如何去认识它，以此来落实学生的科学精神和社会责任。

（四）教学方法

1. 情境对比教学法

通过创设情境，激发学生学习化学的兴趣，促进学生学习方式的转变。本节课采用两个情境：新闻播放，超市抽样调查银耳中，发现银耳里的二氧化硫添加量超标，如果食用，会对人体造成伤害；葡萄酒的成分之一就是二氧化硫，如果葡萄酒中没有添加二氧化硫，它的存储期限大概只有3个月。通过对比，让学生更好、更全面地了解这种物质。

通过创设对比情境，进一步加深学生对二氧化硫的认识，让学生能够辩证地认识事物、认识化学。二氧化硫会造成酸雨，而作为食品添加剂，适量添加是有利的，但是过量则是有害的。

2. 实验对比探究

在探究二氧化硫溶解性中，设计了把试管改为矿泉水塑料瓶，用更直观的现象让学生感受二氧化硫的溶解性。在探究二氧化硫的化学性质中，学生设计实验，再根据设计进行探究、验证。

（五）教学结构图

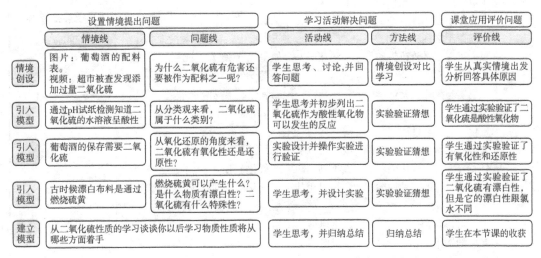

图3-1-1

（六）教学过程

表3-1-1

教学内容	教师教授活动	学生学习活动	设计宗旨与意图
创设情境	【引入】 1.播放新闻：超市抽样调查银耳中，发现银耳里的二氧化硫添加量超标，如果食用，会对人体造成伤害。 2. 葡萄酒配料表显示其配料之一是二氧化硫。 既然食品中添加二氧化硫对身体有害，为什么葡萄酒要添加二氧化硫？ 这节课我们就一起来探究二氧化硫的性质。	认真观看并思考 【回答】 思考并回答	正面与负面对比，激发学生的好奇心，也引导学生辩证地认识化学物质，认识化学。
物理性质的学习	【发问】从课本中，你了解到的二氧化硫的物理性质，谁能从色、味、态、溶解度、密度等几个方面说一下它的物理性质呢？ 【PPT】展示二氧化硫的物理性质 【发问】你用什么办法可以证明二氧化硫易溶于水呢？ 我们可以把试管改为矿泉水塑料瓶吗？会有什么现象？ 现场实验操作，验证学生的猜想 【发问】我们可以从哪些方面来学习二氧化硫的化学性质呢？ 结合前面学习的分类知识，我们可以从分类着手，二氧化硫属于什么类别？跟前面学习过的哪种物质相似？可以用什么方法验证？ 我们可以取pH试纸检测二氧化硫溶于水后的溶液，pH试纸变红。所以，大家判断正确，二氧化硫是酸性氧化物。大家动手写出二氧化硫属于酸性氧化物可以发生反应的化学方程式。	【回答】 二氧化硫是无色有刺激性气味的有毒气体，密度比空气大，易溶于水。 【回答】 把装满二氧化硫气体的试管倒扣进水槽中，看到试管液面上升。如果瓶子瘪了，证明二氧化硫易溶于水；如果没瘪的话证明二氧化硫不易溶于水。 【学生思考】 【回答】 二氧化硫属于酸性氧化物。和二氧化碳相似。取这个气体的水溶液进行pH检测。	利用学生的预习效果展开本节课的学习，引导学生要关注课本。 采用不同实验方式，培养学生分析推理的能力。

教学内容	教师教授活动	学生学习活动	设计宗旨与意图
化学性质的学习	【PPT】 【强调】 二氧化硫与水反应的方程式 "═" 应改为 "⇌"，因为二氧化硫与水的反应为可逆反应。同学们看书本P3可逆反应的概念并集体读一遍。同学们要注意可逆反应的特点（板书）：同条件、不同方向、同时并存。中间为可逆号。 【发问】二氧化硫可以作为葡萄酒的配料之一，跟它的保存是否相关？上学期我们学习了氧化还原的知识，我们是否还可以从元素观来认识二氧化硫？大家分析二氧化硫S的化合价，看看二氧化硫有还原性还是氧化性？并设计方案进行验证。 二氧化硫处于中间价态，既有氧化性又有还原性。它有还原性，所以可以与氧化剂，如O_2、$KMnO_4$、Cl_2、H_2O_2反应；它有氧化性可以与强还原剂反应，如H_2S。我们可以通过实验来进行验证。 汇总学生的实验设计，进行实验演示： 1.二氧化硫与酸性高锰酸钾反应。 2.二氧化硫与硫化氢反应。 【发问】什么现象可以说明二氧化硫有氧化性？什么现象可以说明二氧化硫有还原性？ 【发问】这时你能解释为什么二氧化硫会造成酸雨吗？为什么葡萄酒里要添加二氧化硫。 二氧化硫是酸性氧化物，又具有还原性，所以，在空气中二氧化硫会进一步反应变成硫酸（强酸），这样就会导致酸雨的形成。同时，因为它具有还原性，所以它可以添加在葡萄酒里进行抗氧化。因此，我们知道物质具有两面性，应该辩证地认识物质。	【学生书写方程式】 $SO_2 + H_2O ⇌ H_2SO_3$ $SO_2 + 2NaOH = Na_2SO_3 + H_2O$ $SO_2 + CaO = CaSO_3$ 【学生思考与讨论】 学生展示讨论结果 【学生回答】 因为二氧化硫是酸性氧化物并且具有还原性。	

教学内容	教师教授活动	学生学习活动	设计宗旨与意图
化学性质的学习	【发问】二氧化硫除了有上面的化学性质，会不会还有一些特殊的性质呢？ 大家思考：古时用燃烧硫的方法漂白布料，是利用什么物质可能具有的什么性质呢？ 追问：我们可以用什么方法进行验证？我这里有品红溶液，有紫色石蕊试剂。 演示实验：把二氧化硫溶液滴加入少量的品红溶液，稍后对该溶液进行加热；把二氧化硫溶液滴加入紫色石蕊试剂。 我们发现：品红溶液褪色，我给褪色后的品红溶液加热，溶液又变红了。紫色石蕊试剂变红，但是没有褪色。 我们可以得出什么结论？ 【发问】除了 SO_2，还有哪些物质具有漂白性？它们的漂白原理相同吗？ 同学们回答得很好，二氧化硫的漂白只是能漂白某些有机物，它有一定的选择性，如它漂白了品红但是没有漂白石蕊。而且是暂时性，它只是和有色物质发生化合结合使物质褪色，加热或者经过长时间后被漂白的物质会恢复原来的颜色，如生活中我们使用的草帽，久了会发黄。 在生活中，二氧化硫是食品工业中常用的添加剂，它有漂白和防腐蚀的作用，能使食品保持鲜艳色泽，还可以抑制食品中的氧化酶，防止食品褐变。但是，如果添加二氧化硫过量，则会对人体造成危害，甚至可能致人死亡！所以我们要辩证地认识二氧化硫，也要正确地使用二氧化硫。我们通过学习，正确认识化学，掌握化学知识，这样才能更好地运用我们学过的知识为社会生活所用。 【总结】通过前面的学习，我们来归纳一下，我们是通过哪些方面来学习物质的化学性质的？ 可以通过抓"三观"，理解化学性质。	【学生思考并回答】 硫燃烧产生的二氧化硫，二氧化硫可能有漂白性。 可以把二氧化硫溶液滴加入少量的品红溶液或者紫色石蕊试剂。 二氧化硫可以使品红溶液褪色，但是褪色是暂时的，加热后，又恢复红色；二氧化硫是酸性氧化物，可以使石蕊变红但是不可以使石蕊试剂褪色 【学生总结并归纳】 氯水、次氯酸、过氧化钠，这些有强氧化性，它们有漂白性，但是它们的漂白是永久的，是化学性质。二氧化硫的漂白是暂时的，是化学性质。活性炭的漂白是靠吸附作用，是物理性质。 【学生聆听】 【记录】 【总结归纳】	

续 表

教学内容	教师教授活动	学生学习活动	设计宗旨与意图
化学性质的学习	三观 → 分类观 → 物质的类别 三观 → 元素观 → 氧化还原反应 三观 → 微粒观 → 特殊性		
课堂小结	【互动】 学习了本节课，你有哪些收获呢?	【结合板书总结】	学生自己总结并与大家分享，可巩固新知识，也可让教师了解学生的薄弱环节，便于查漏补缺。

（七）板书设计

1. 物理性质

颜色：无色

气味：有刺激性气味

毒性：有毒

密度：密度比空气大

液化：易液化

溶解性：易溶于水，溶解度为1∶40

2. 化学性质

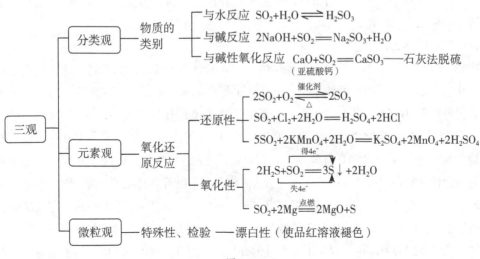

图3-1-2

三、教学反思

此节课的目的是：通过情境对比，从"三观"来学习二氧化硫的物理和化学性质，使同学们在高中的学习中能更好地对知识进行梳理归纳和记忆；为整个后续的理论学习总结出好的学习方法，从而激发学生对化学的学习兴趣和热情。

图3-1-3

反思一：情境设置注重"事物都有两面性"

二氧化硫是生活中常见的物质，是酸雨的主要成因，也是造成大气污染的主要成分。它也是一种食品添加剂，如在葡萄酒中添加二氧化硫可以有效地延长葡萄酒的保存时间。但是，过量又会对人体造成危害！通过将二氧化硫的负面与正面影响引入课堂，引导学生辩证地认识化学物质、认识化学。我们评价化学，要建立在科学理论和科学知识的基础上。

反思二：灵活运用教材，教学合理调整

在物理性质的学习中，本节课的物理性质为预习知识。让学生通过阅读课本来获取，强调回归课本的重要性。本节课引导学生要建立在熟读课本的基础上进一步地学习。讲解过程贴近生活，比较通俗易懂。溶解性的学习中设计探究实验，向盛有二氧化硫气体的瓶中倒水，瓶子变瘪说明二氧化硫易溶于水。

反思三：教学要注重建立学习模型

在化学性质的学习中，首先，引导学生从物质的分类方面来认识二氧化硫，二氧化硫是酸性氧化物。学生容易找到酸性氧化物的通性来类比二氧化硫，即与碱反应，与碱性氧化物反应。另外，取pH试纸来检测二氧化硫溶于水后的pH值，直观地证明了二氧化硫就是酸性氧化物。其次，结合上学期学过的氧化还原反应的性质，引导学生从元素观来分析二氧化硫的化合价，探讨二氧化硫可能具有的性质。二氧化硫中S的化合价为+4价，为中间价态，所以其既有氧化性又有还原性。在还原性中，引入二氧化硫与酸性高锰酸钾反应，现象清晰可见，令人印象深刻。在氧化性中，采用二氧化硫与硫化氢反应，也是现象清晰可见，印象深刻。然后，通过引入古时候人们采用燃烧硫的方法来漂白布料，引出二氧化硫的特性——漂白性。通过二氧化硫使品红溶液褪色，但是不能使紫色石蕊试剂褪色，现象清晰明了，采用对比的方法让学生认识二氧化硫的漂白性是有针对性的。再通过加热褪色后的品红溶液又复原为原来的颜

色，说明了二氧化硫的漂白性是暂时的。紧接着，经过长时间展示后二氧化硫漂白失效的旧草帽和新草帽的对比图，使学生对二氧化硫的漂白性一目了然。然后，肯定SO_2对人类生活做出的巨大贡献，但是要客观分析其对环境和人类健康和环境造成的负面影响，辩证地认识化学，做出正确的价值判断。最后，进行课堂总结。通过抓"三观"来理解化学性质，引导学生建立物质的性质的学习模型。

在整个讲课环节中教师都能与同学良好互动，通过设问，引发学生思考。不足的是习题较少，练习力度不够；没有进行分组实验，学生缺乏动手操作；教学目标"实验探究与创新意识"这个方面有所欠缺；学生思考与动手时间较长，此节课稍微拖堂。

四、专家点评

点评专家：惠州市华罗庚中学正高级教师、特级教师黄进添。

（一）发挥核心概念对元素化合物学习的指导作用

新课标强调高中化学教学要关注学生已有的知识经验和即将经历的经验，提倡"从生活走进化学，从化学走向社会"。本课以学生熟悉的葡萄酒添加二氧化硫为切入点，以二氧化硫的两面性为明线，二氧化硫的性质为暗线，两条主线下，着重以核心问题为导向与学生共同构建二氧化硫的性质与作用的知识体系。构建了层层深入的思维架构，为学生建立学习"元素及其化合物"的模型认知奠定了坚实基础。

（二）紧密联系生产生活实际，创设了丰富多样的真实问题情境

本课借助生产实际和环境保护等社会热点，如超市抽样调查银耳中，发现银耳里的二氧化硫添加量超标等事例，创设了促进学生改变学习方法的情境，使学生在活动中获取知识，提高了学生学以致用的意识和解决问题的能力。同时设计了探究实验，向盛有二氧化硫气体的瓶中倒水，瓶子变瘪说明二氧化硫易溶于水，给学生创造展示自我的舞台，落实了"教为主导，学为主体"的教学理念，教师成为学生有意义建构的帮助者，促进了全体学生"科学探究和创新意识"核心素养的发展。

（三）使用多样化的教学方式和学习途径，重视学生主体地位

本课在教学设计过程中，从三个维度来构思教学内容和教学活动的安排。一是让学生了解二氧化硫在生产生活中的应用、对空气的污染，从事物的两面性认识二氧化硫；二是从中掌握二氧化硫的性质；三是提出二氧化硫既为人类服务，又要防止酸雨、树立环保意识等。层层递进，着眼于学生可持续发展能力的培养，以及学生化学综合素养的构建。

问题情境下的元素化合物复习策略研究

——以高三"硅　无机非金属材料"复习为例

广东省惠州中学　张云

一、综述

（一）问题的提出

1. 元素化合物复习中存在的问题

高中化学元素化合物知识种类繁多、结构复杂、性质多变，有两三百条性质及化学方程式，记忆难度较大，如果逐一罗列陈述，学生笔记一大堆，但头脑中收获的知识却是支离破碎、看了就忘的。在传统教学中，硅在中学化学的元素化合物板块中所占的地位无足轻重，其教学内容空洞，现成资源稀缺或是素材难以加工，特别是缺少能让学生产生感性认识的体验活动，教学过程大多轻描淡写，学生对所学知识印象不深。

2. 硅无机非金属材料复习中需要关注的问题

新课标提出：重视开展"素养为本"的教学，倡导真实问题情境的创设，开展以化学实验为主的多种探究活动，重视教学内容的结构化设计，激发学生学习化学的兴趣，促进学生学习方式的转变，培养学生的创新精神和实践能力。在当今高速发展的信息时代，硅承担着其他元素无可比拟的作用。在化学课堂实际中，应该创设情境既让学生能真切感受到硅世界的神奇，又能与学科内容紧密联系，还能融合一定的科学素养和人文素养的熏陶，让硅成为名副其实的无机非金属材料的主角，充分彰显化学学科的教学、教育功能。

（二）研究方法

本研究以中国基础教育全文数据库期刊（CNKI）为数据来源，从"硅及其化合物""无机非金属材料""问题情境""元素化合物复习策略"这几个方面展开研究，对搜索到的相关学术期刊及学位论文进行总结和分析，得出结果，并根据研究结果提出相应的教学建议。

（三）研究结果

查阅中国基础教育期刊全文数据库（CNKI）发现，"硅无机非金属材料"主要集中在新课的教学设计上，复习课只有两篇，仍然是从结构和用途两个角度来阐述，侧重点是结构的"稳定性"并由此创造出的巨大价值，从物质本质出发，很有新意，但依然是结构决定用途的固定思维，且增加了学生学习的难度。

1. 人文背景融合学科核心素养的化学教学

化学发展史与人类文明进步史密切相关，依托元素化合物在人类文明进步中的作用构建元素化合物教学背景，有利于将人文素养与科学素养的培育融为一体，发挥两者育人功能的互补作用。在化学课堂教学中，构建基于人文背景的教学场景，挖掘化学知识、化学技术与社会文明的关系，将人文与科学有机融合，对于推动化学学科核心素养落地具有重要意义。人类文明发展与含硅材料的应用有着紧密的联系，对含硅材料的研究与利用贯穿人类文明进步的全过程。

2. 学科思维与社会生活融合的化学教学

科学知识与社会生活融合，使学生能够借助具有逻辑关系的理性思维，看到物质世界结构的层次性与变化的有序性，这样才能真正形成根植于学生内心的内在美。

复习课的主要目的是让知识网络化、系统化和深入化。教师可以转换视角，从不同的高度去审视和分析原有知识，再对它们进行重新编码加工，赋予其新的逻辑关系和能力立意，使原有知识焕发出新的生命力。

（四）元素化合物复习启发

1. 复习中注重贯彻整体思维

（1）重视知识网络构建，在一轮复习时，教师在教学过程中一定要渗透整体性思维，整体思维即知识不是孤立的，各知识点之间是存在联系的。教师在复习硅及其化合物的时候，可以将整块的知识以"点—线—网"的方式，系统梳理，构建知识网络，从而实现一轮复习的高效性、有效性。

（2）重视元素周期表和元素周期律的应用。在一轮元素化合物的复习时，利用元素周期表把零乱的元素统一起来，使其条理化、系统化；再用元素周期律把这些元素变成有序的、可推理的知识，从而使学生进行有推理和有规律的记忆，从而形成高效复习。

（3）利用价类二维图的有效性。物质类别决定了物质所具有的一般通性，核心元素化合价决定了物质具有的氧化性或还原性，因此价类二维图抓住了元素及其化合物的"神"，使得"形散而神不散"，复习能事半功倍。

2. 依据教材、课程标准进行适度拓展知识、深度整合

通常在一轮复习过程中，学生虽然掌握了知识，但是如果用新物质为载体来考查已学知识，学生常常出现完全没有思路的情况，或者跟着感觉走，进而做出错误的判断。这种情况多出现在"工艺流程题"和"实验综合题"里。如果能针对常考的单质或者化合物进行适度拓展学习，学生根据拓展的知识、类比应用到解题过程当中，就能达到意想不到的效果。教师在复习过程中应结合教材、课程标准、考试要求对一轮复习内容进行"二次加工"及深度整合。

二、教学设计

（一）教学思想

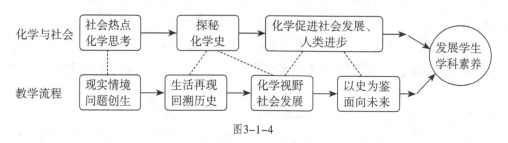

图3-1-4

　　硅是促进人类文明进步的重要元素之一，硅及其化合物的相关知识是元素化合物的重要基础知识。本节课注重从用途入手复习硅重要的性质，注重培养学生能力，使学生在主动参与、主动探究中复习知识。在进行了复习前测的基础上，结合课程标准要求，本节课紧抓"一条主线，两条辅线"：一条主线是以硅及硅的化合物间的转化为线索；一条辅线是设计了五个问题，以物质的用途为出发点引出物质的性质及结构，另一条辅线是人类对硅元素的认识与应用，从校园的建筑说起，渐次涉及玻璃制备的历史、近代高琨发现光纤的用途、现在信息技术的发展。本节课的一个设计亮点是激发了学生的爱国热情及对科学事业的追求，主要通过展示不同历史阶段人类对硅元素的认识及对硅化合物的应用，尤其是伟大物理学家高琨在现代信息技术行业对人类所做的伟大的贡献，将本节课推向高潮，学生对科学家坚韧不拔精神的崇敬之心油然而生。引导学生站在一个宽广的平台上，从人文和社会发展来审视、理解化学，认识化学与人类的关系。本节课不仅为形成化学的基本观念提供感性基础，也为高考备考中化学与生活、化学与社会发展、化学与技术进步之间的密切关系提供了丰富的素材。

（二）教学分析

1. 学情分析

　　学生学习本节课可能会遇到的障碍点：没有形成完整的元素化合物学习的化学思想，不太会运用对比的思想学习硅及其化合物的性质和制备等。因此，在教学中力图逐步渗透这些思想，通过分析碳和硅的原子结构，引导学生采用对比的学习方法，分析推导二氧化硅及硅酸的性质，帮助学生温故而知新，使学生在元素化合物的学习过程中形成一条完整、清晰的主线，从而建构元素化合物的知识体系。

2. 教学内容分析

（1）课标分析

　　内容要求：了解硅和二氧化硅的主要性质及这些性质在材料中的应用，能书写有关的化学方程式。

　　教学提示：体会组成材料的物理性质和材料性能的密切联系，认识新材料的开发对社会生产生活的重要意义，学会关注与化学有关的社会热点问题。

　　学业水平：能举例说明硅在半导体工业以及二氧化硅在现代通信业，传统无机非金属材料和新型无机非金属材料在生活、生产中的应用。

（2）教材地位分析

硅及其化合物作为非金属元素知识的开端，是在"金属及其化合物"内容的基础上，继续进行关于元素化合物知识的复习和研究方法的训练。本节教学采用以"硅酸盐—硅酸—二氧化硅—硅单质"为主线的纵向复习方法，有别于以前的横向对比学习法，纵向复习法丰富了元素族概念及元素性质的递变规律的形成，为元素周期律、元素周期表的复习积累了丰富的感性材料，同时，也扩大了学生对于无机非金属材料的知识面。本节内容与生产生活、材料科学、信息技术等联系较为密切，知识面广，趣味性强，能使学生真正认识化学在促进社会发展、改善人类生活条件方面所起的重要作用，全面地体现了化学学科的社会应用价值。通过本节的学习，有利于贯彻STSE教育的观点，激发学生学习的兴趣，促进学生科学素养的提高。

（3）高考热点预测

以新材料、新技术为背景考查硅元素及其重要化合物的性质及在材料中的应用。

（三）教评目标

1. 教学目标

（1）学生通过教师创设情境、分析硅、二氧化硅结构，理解硅、二氧化硅的物理化学性质并能够叙述物理性质、会写主要化学方程式，培养学生"变化观念""宏观辨识与微观探析"核心素养。

（2）学生通过对我国从古到今，从烧制陶瓷到现代科技成就的学习，感受作为华夏儿女的自豪感，从而激发强烈爱国主义热情；学生通过对作为计算机、光通信、航天技术等高科技关键材料的硅、二氧化硅等无机非金属材料的学习，感受科学技术对社会生活、社会生产产生的极大影响，培养了学生"科学精神与社会责任"。

（3）学生通过教师引导，呈现出硅及其化合物间的知识网络图和价类二维图，并与碳及其化合物对比，发展了"证据推理与模型认知"核心素养。

（4）学生分析华罗庚建筑材料并小组合作设计实验证明酸性强弱，发展了"科学探究与创新意识"。

2. 评价目标

（1）通过对校园内的材料的分析与交流，判断学生对常用材料的了解水平和科学精神与社会责任感。

（2）通过对硅酸酸性强弱的验证实验设计与交流，判断学生对研究物质性质的基本思路掌握程度和"科学探究与创新意识"。

（3）通过玻璃的发现史中所涉及方程式的书写，判断学生自主复习对知识掌握的水平和"宏观辨识与微观探析"能力。

（4）通过硅和二氧化硅模型的搭建分析情况，判断学生对"证据推理与模型认知"中"结构决定性质的认识水平"。

（四）教学重难点

1. 教学重点

（1）以问题为导向、材料为载体复习硅及其化合物的主要性质。

（2）激发学生对化学的兴趣，增强学生的民族自豪感。

2. 教学难点

（1）从材料的角度建立研究物质性质的基本思路。

（2）在解决实际问题中提高学生学以致用的能力。

（五）教学策略

1. 自主复习教学法

元素化合物复习的重点是性质和方程式，而关键是学生落实，因此让学生通过阅读、研究、回忆等手段，进行硅及其化合物性质的自主复习后再来陈述并应用，以期达到更好的效果。

2. 情境创设教学法

硅及其化合物的发展应用反映着世界文明的进步，本节课多次创设历史情境，让学生体会化学在材料和人类文明发展中的重要作用。

3. 问题导学教学法

本节课设计了四个问题，以物质的用途为出发点引出物质的性质及结构，让学科思维与社会生活相融合。

4. 对比归纳教学法

采用归纳对比法将零散的化学知识、复杂的化学内容整理成提纲，使之形成知识网，通过SiO_2与CO_2的分析对比，找出异同，把易错易混的内容明晰起来，从而利于学生把握有规律性的化学知识。

（六）"3×6"教学结构图

	在情境中提出问题		在活动中解决问题		在应用中评价问题
	情境线	问题线	活动线	方法线	评价线
环节一	情境1：校园的建筑材料	问题1：如何证明HCl、H_2SiO_3、H_2CO_3酸性强弱？	学生活动1：实验设计并画出装置图	自主复习后小组合作画出装置图	生生评价　教师评价
环节二	情境2：玻璃发现的历史	问题2：制备玻璃的化学方程式	学生活动2：回顾玻璃、水泥、陶瓷制备	自主复习归纳对比	教师评价
环节三	情境3：展示保存碱液的试剂瓶	问题3：SiO_2的性质与用途	学生活动3：拼插SiO_2结构并分析	自主复习归纳并与CO_2性质对比	教师评价　高考题评价
环节四	情境4：如何做到"从沙滩到用户"	问题4：工业制备高纯硅的方法	学生活动4：拼插Si结构并分析	自主复习Si的性质与用途	生生评价　高考真题评价
环节五	画出硅及其化合物的转化关系图并归纳总结		学生活动5：画出转化关系图	归纳总结	学生自评　高考真题评价
环节六	情境5：综合拓展（高考真题中）	问题5：价类二维图的作用？	学生活动6：画价类二维图	从不同角度复习Si及其化合物的性质	教师评价　高考真题评价

图3-1-5

（七）教学过程

表3-1-2

教学环节	教师活动	学生活动	设计意图
导学诱思	展示华罗庚中学标志建筑：华罗庚纪念馆，请学生分析所用的材料，引入今天的含硅材料。 陶瓷　　玻璃　　水泥 公元前6000—前5000年　公元前3700年　公元前3000—前2000年 让学生分享常见的含硅材料及其主要成分	学生思考、解答	（1）创设情境激发学生思维，主动参与体现学习主动性。 （2）通过历史的眼光来看待化学的发展
问题导学	教师介绍复杂硅酸盐的氧化物表示、硅酸钠的性质。 问题思考一：设计实验证明：HCl、H_2SiO_3、H_2CO_3酸性强弱？	学生设计实验	引导学生类比学习
问题导学	问题思考二：船员在满是贝壳的沙滩用"天然纯碱晶体"架锅做饭偶然制取了玻璃。请分析原因写出上述反应的化学方程式	回顾玻璃的制取原理	情境创设书写方程式
自主复习	一、硅酸盐与无机非金属材料 1.传统无机非金属材料如水泥、玻璃、陶瓷等硅酸盐材料对比。 2.新型无机非金属材料	自主填表复习	认识传统无机非金属材料和新型无机非金属材料，能正确判断和应用
学以致用	（2019·高考全国卷Ⅰ，7，6分）陶瓷是火与土的结晶，是中华文明的象征之一，其形成、性质与化学有着密切的关系。下列说法错误的是（　　）。 A."雨过天晴云破处"所描述的瓷器青色，来自氧化铁 B.闻名世界的秦兵马俑是陶制品，由黏土经高温烧结而成	思考得出结论	感悟高考并检查学生对本部分内容的掌握情况

教学环节	教师活动	学生活动	设计意图
学以致用	C.陶瓷是应用较早的人造材料，主要化学成分是硅酸盐 D.陶瓷化学性质稳定，具有耐酸碱侵蚀、抗氧化等优点		
问题导学	问题思考三：实验室用玻璃瓶盛放氢氧化钠溶液（或其他呈碱性试剂），而不用玻璃塞的原因？（用化学方程式解释）	交流研讨	引导学生从应用的角度分析二氧化硅的化学性质
自主复习	二、二氧化硅与光导纤维 1.二氧化硅（SiO_2）。 （1）自然界中的存在：SiO_2主要存在于_____、_____等物质中。 （2）SiO_2的组成特点：SiO_2直接由原子构成，不存在单个SiO_2分子。 （3）化学性质： 2.二氧化硅的用途。	学生自主完成复习，对SiO_2的性质形成全面认识	对基础知识进行全面、完整的梳理，能从规律和特性两方面掌握SiO_2的性质
名人简介	教师介绍光导纤维与诺贝尔物理学奖获得者高琨	学生感悟	激发学生的爱国之情，认识化学与人类的关系
交流研讨	1.SiO_2既能和$NaOH$溶液反应又能和HF溶液反应，所以可以看作两性氧化物吗？ 2.$CaCO_3+SiO_2 \xrightarrow{\text{高温}} CaSiO_3+CO_2\uparrow$能否说明$H_2CO_3$的酸性比$H_2SiO_3$的弱？ 3.能否用$SiO_2$一步反应制得硅酸？ 4.雕刻玻璃用氢氟酸而不用强碱溶液的原因？ 5.SiO_2与CO_2的比较	思考、讨论得出正确结论	将相关知识进行整合提高，深化理解，形成完整全面的认识
合作探究	小组搭建出二氧化硅的球棍模型完成下题并解释SiO_2与CO_2性质差异的原因。 ①判断正误：$1molSiO_2$有N_A个SiO_2分子。 ②$1molSiO_2$晶体中有___N_A___个$Si—O_2$键。	小组合作	提高学生"应用决定性质"的能力

教学环节	教师活动	学生活动	设计意图
即时巩固	（2020·河南期末）下列关于二氧化硅的说法正确的是（ ）。 A.二氧化硅是酸性氧化物，因此能与水反应生成硅酸 B.二氧化硅制成的光导纤维，由于导电能力强而被用于制造光缆 C.二氧化硅不能与碳酸钠溶液反应，但能与碳酸钠固体在高温时发生反应 D.用二氧化硅制取单质硅时，当生成2.24L气体（标准状况）时，得到2.8g硅	完成评价练习	检测知识的掌握情况，及时发现问题，解决问题
问题导学	问题思考四：如何做到"从沙滩到用户的电脑芯片"？	思考并写出方程式	从氧化还原的角度分析
自主复习	一、硅与半导体材料 1.硅元素 （1）存在 （2）硅在元素周期表中的位置 2.单质硅： （1）物理性质 （2）化学性质 （3）工业制法 （4）用途	学生完成对基础知识的复习研讨	检查学生对本部分内容的掌握情况。 使学生能从位—构—性的关系中领悟硅的性质
即时巩固	有些科学家提出硅是"21世纪的能源"，这主要是由于作为半导体材料的硅在太阳能发电过程中具有重要的作用。下列有关硅的说法中，不正确的是（ ）。 A.高纯度的硅广泛用于制作计算机芯片 B.硅可由二氧化硅还原制得 C.常温，硅与水、空气和酸不反应，但能与氢氟酸反应 D.自然界中硅的储量丰富，自然界中存在大量的单质硅	思考解答 D	巩固硅的性质及在材料中的应用
小结	教师引导	讨论硅及其化合物的转化关系 $Si \rightleftarrows SiO_2 \rightarrow Na_2SiO_3$，$CaSiO_3$，$H_2SiO_3$	深化理解

续　表

教学环节	教师活动	学生活动	设计意图
课堂检测	【感悟高考】一、判断正误 1.（2019·全国卷I）高纯硅可用于制作光感电池。（×） 2.（2019·天津）无水$COCl_2$呈蓝色，吸水会变为粉红色，可用于判断变色硅胶是否吸水。（√） 3.（2018·天津）汉代烧制出"明如镜、声如磬"的瓷器，其主要原料为黏土。（√） 4.（2018·海南）SiO_2具有导电性，可用于制作光导纤维和光电池。（×） 5.（2018·江苏）因为SiO_2熔点高硬度大，所以可用于制光导纤维。（×） 6.（2017·北京）SO_2通入Na_2SiO_3溶液产生胶状沉淀，证明酸性$H_2SO_3>H_2SiO_3$。（√） 7.（2015·海南）可用磨口玻璃瓶保存NaOH溶液。（×） 8.（2016·全国卷I）HF能与SiO_2反应，可用氢氟酸在玻璃器皿上刻蚀标记。（√） 9.（2019·全国卷I）陶瓷是应用较早的人造材料，主要化学成分是硅酸盐，化学性质稳定，具有耐酸碱侵蚀、抗氧化等优点。（√）	学生在预习的基础上思考、解答	关注高考试题，引起共鸣
问题导学	问题思考五：Si元素价类二维图 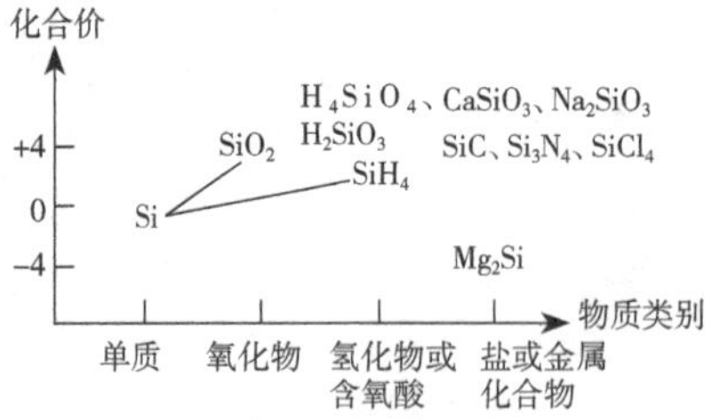 	学生交流完成	培养学生复习元素化合物的一般思路
热点思维探究	硅是信息工业中的重要基础材料，近几年高考经常围绕硅单质的制取，结合物质的分离、提纯及化工工艺考查实验设计、实验评价及反应原理	思考解答对迷惑之处进行质疑。 典例：芯片被誉为"现代工业粮食"，是新一代信息产业的基石。制备芯片材料高纯硅的装置如下图所示（加热及夹持装置省	让学生了解以制备硅为依托的综合实验题的考查方式，形成正确的思维模式

教学环节	教师活动	学生活动	设计意图
热点思维探究		略），利用$SiHCl_3$与过量H_2在$1100℃～1200℃$反应。已知：$SiHCl_3$沸点为$31.8℃$，遇水会强烈水解。下列说法不正确的是（ ）。 A.装置B中的试剂是浓硫酸 B.实验开始时先打开装置A中的K_1 C.装置C采用常温冷却水，目的是使$SiHCl_3$与H_2充分混合 D.石英管中发生反应 $SiHCl_3+H_2 \xrightarrow{1100℃～1200℃} Si+3HCl$	
板书设计			带领学生进行硅及其化合物知识网络构建

三、教学反思

有幸成为黄进添名师工作室学员并进行了为期11天的第一次集中研修，这是研修汇报公开课（图3-1-6）。本节课充分体现了元素化合物与自然界和社会生活的密切联系，贯彻了STSE教育的观点，有利于激发学生学习的兴趣，促进学生科学素养的提高；教学设计努力体现以学生为主体的教学思想，课的开头从校园建筑入手，创设问题情境，使学生很快投入学习的情境中；在教学中，采用了自主复习、科学探究等活动激发学生求知的欲望，多让学生参与；教学时有意识地培养学生"对比"的学习方法，从二氧化碳的性质对比学习二氧化硅的性质，并从结构分析它们的相同点和不同点，使学生温故而知新，让学生能更多地参与教学活动，并在学习的过程中培养学生对知识的归纳、总结和探究的能力；在突破本节重难点时，采取"问题解决"的学习方式，引导学生发现问题→提出假设→验证分析→得出结论，提升学生分析问题、解决问题的能力。

图3-1-6

（一）建构主义理论的有意义教学

（1）一般复习元素及化合物的知识网络时，都是按单质、氧化物、酸、盐等顺序进行。本节课却正好相反，是从盐、酸、氧化物、单质的顺序组织教学，从历史上材料的发展、从人类认识硅及硅的化合物顺序出发进行复习，这符合人们认识事物的基本规律，即"由表及里，由浅入深"，这样既可以让学生掌握硅及其化合物知识网络，又可以让学生知道人们认识事物的基本规律。

（2）一般学习或复习某物质时，都是按结构、性质、用途顺序进行组织教学。本节课是先从用途出发引出性质、结构。结构决定性质，性质决定用途，按结构、性质、用途顺序进行组织教学更符合该规律，但是硅及硅的化合物的教学比较特殊。这是因为它们的用途与我们的生活联系太紧密了，只要一提到大家就都知道，这样教学更符合建构理论的有意义教学。

（二）构建问题情境下的"教师助导，四轮驱动"自主复习课堂，提高学生的化学学科核心素养和备考的有效性

本节课在知识的理解上无难点，难的是如何真正激发学生的学习兴趣，并让学生产生强烈的求知欲。若单纯地让学生去自学这部分知识，学生很容易读懂课本，但日后的印象会如过眼烟云；若只是教师讲述，学生会有单调乏味之感。基于以上考虑，采用问题导学、学生自学、归纳对比、教师激励引导等教学方法和"自主复习、自主展示、自主探究、自主检测"教学模式，激活了学生思维，学生在课堂上的主体性得到了较好的体现。

四、专家点评

点评专家：惠州市华罗庚中学正高级教师、特级教师黄进添。

（一）创设真实问题的情境，有利于建构知识体系

本课从硅及其化合物的用途出发，从用途引出性质，再到结构，创设的情境让学生真切感受到硅世界的神奇，围绕着二氧化硅和所对应的硅酸盐及硅酸展开问题线、知识线、应用线，线索连贯，结构完整，各知识点之间过渡自然，衔接流畅，如由校园建筑材料引出硅酸盐，由硅酸盐制备引出酸性氧化物二氧化硅和光导纤维，再引出硅和半导体材料。形式新颖，能引起学生关注，吊起学生胃口，激发学生的学习兴趣。强调原有的认知结构的作用，也强调学习材料本身的内在联系，这样教学更符合建构主义理论的有意义教学。

（二）采取"问题解决"的学习方式，体现以学生为主体的教学思想

本课内容的重要知识点有较好的落实。例如，船员在满是贝壳的沙滩用"天然纯碱晶

体"架锅做饭偶然制取了玻璃，请分析原因写出上述反应的化学方程式。又如，画出硅元素价类二维图等，引导学生发现问题→提出假设→验证分析→得出结论，由学生自己完成，学习的主动权交给了学生，有效提升了学生分析问题、解决问题的能力。

（三）采用对比、类比、归纳的方法，培养了学生科学的思维方法

本课对碳、硅的氧化物的主要性质及应用的基础知识，运用对比、类比、归纳的方法进行整理，采用思考讨论交流的形式，帮助学生完成知识点网络的搭建。同时结合元素周期律和结构的理论知识，帮助学生深化理解硅及其化合物的内在联系，培养了学生科学的思维方法，发展了学生"证据推理与模型认知"的核心素养。

实验引入情境下的化学自主课堂

——以人教版高中化学选择性必修一第三章第二节"水的电离"为例

广东惠州市实验中学　陈淳

一、"水的电离"实验引入教学的综述与启发

（一）问题的提出

溶液的酸碱性在水溶液化学中具有独特的重要性，在生产、生活实际和科学研究中都备受关注。本节教材涉及水溶液化学研究的第一步：研究溶剂水自身的行为，在此基础上扩展到水的离子积及其相关计算。

学生经过对必修一的学习，已经知道水是由水分子组成的。本节就在该基础上通过介绍水的自身电离，帮助学生全面认识纯水中存在的微粒，使学生理解水的离子积常数概念。

但在实际的教学过程中，教师倾向知识点教学，常常忽视学生的思维特点。因此，为了实现"水的电离"的有效教学，本文以文献研究为基础，思考教学设计中的三个问题：

（1）如何引入课堂？

（2）怎样层层递进解剖知识点？

（3）如何应用知识解决水的电离有关计算？

（二）研究方法

针对以上三个方面的问题，本研究以中国基础教育期刊全文数据库（CNKI）为数据来源，并以"水的电离"为篇名，把检索控制条件设置为期刊年限从2011年到2021年共10年的时间，除去高考及考点题目分析、复习课等与"水的电离"新课教学关系不大的文献，实际统计文献数量共16篇。通过对这16篇已有的教学设计进行总结和分析，并根据研究结果提出相应的教学建议。

（三）研究结果

1. 将实验"灯泡会亮吗"情境引入课堂

课堂上，首先创设情境，蒸馏水的导电实验：发现灯泡不会发亮。这样就发出疑问"灯泡不亮，难道水不是电解质"，引入第一个学习任务。

2. 引入手持技术测定水的电导率

先跟学生介绍电导率是以数字表示的溶液传导电流的能力，用手持技术测得水有电导率，得出水存在电离平衡、水的电离是极弱的、水是弱电解质。紧接着提出问题：温度升高，水的电导率会怎样变化？学生猜想，电导率会升高。进行手持技术数字化实验，证明温度升高，水的电导率确定升高。得出水的电离是一个吸热的过程。手持技术数字化实验形象直观地向学生展示了水的导电情况，充分证明水是弱电解质。此过程中，手持技术的引入使学生的新知学习耳目一新。

（四）有效提问，让学生深度思考

以（互动解疑）得到问题设置将知识点细化加强，连续问题追问的设置引导学生提高学习的兴趣和参与度，前后问题紧密衔接。

让学生熟记必要工具，不断对学生进行引导性提问，引导学生进行思考，相信学生，突出学生的主体地位。对于有难度知识的学习是通过合作学习和探究教学完成的，培养了学生合作学习的能力，为后续学习从方法到过程都打下了坚实的基础。

（五）教学启发

由以上三点研究结果，设计教学内容：

创设情境——灯泡会亮吗？→学习任务——水的电离及离子积常数及水的电离平衡影响因素→互动解疑——经典计算例题→总结升华——水的电离知识点总结。

二、教学设计：实验引入情境下的化学自主课堂

（一）教学思想

本教学设计，一是依据新课标的学业要求："能从电离、化学平衡的角度分析溶液的性质，如酸碱性、导电性。"二是依据"化学反应原理"模块的功能定位，通过对水的电离平衡存在的证明及平衡移动的分析，形成并发展学生"微粒观""平衡观"和"守恒观"。

以"灯泡会亮吗"小实验创设情境：发出疑问"灯泡不亮，难道水不是电解质"，引入第一个学习任务：水的电离及离子积常数。再用手持技术数字化实验活动1"水是弱电解质吗？"测得水有电导率，得出水是存在电离平衡、水的电离是极弱的、水是弱电解质。手持技术数字化实验证明：确实温度升高，水的电导率升高。得出水的电离是一个吸热的过程。活动2，让学生书写水的电离方程式，给学生时间观察H^+与OH^-的关系。紧接着介绍水的离子积常数的表达式、影响因素和适用范围，点拨学生要熟记常温下水的离子积常数的数值是1.0×10^{-14}。

之后进入第二个学习任务：水的电离的影响因素。学生先独立完成表格，再讨论，最后得出结论：升温，促进水的电离；酸、碱，抑制水的电离。

完成两个学习任务后，师生进入互动解疑环节。例题由易到难，层层递进，同时不断呼应前面知识点，引导学生用化学思维解决问题。

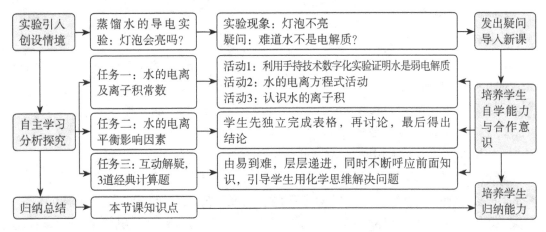

图3-1-7

（二）教学分析

1. 学生分析

学生经过对必修一的学习，已经知道水是由水分子组成的；本节就在该基础上通过介绍水的自身电离，帮助学生全面地认识纯水中存在的微粒，使学生理解水的离子积常数概念。

2. 教学内容分析

本节教材涉及水溶液化学研究的第一步：研究溶剂水自身的行为。由于溶液的酸碱性在水溶液化学中具有独特的重要性，在生产、生活实际和科学研究中都备受关注，本节内容是掌握水的离子积及其相关计算。

（三）教评目标

1. 教学目标

（1）学习目标。

① 宏观辨识与微观探析：熟悉水的电离。

② 变化观念与平衡思想：会分析外界因素对水的电离平衡的影响。

③ 证据推理与模型认知：知道水存在电离平衡，电离是一个吸热的过程。

④ 科学探究与创新意识：使学生了解从单一物质到多种物质、分清主次矛盾的研究思路，初步学会对复杂体系研究的一般方法。

⑤ 科学态度与社会责任：通过认识水的电离，使学生体会化学对人类生产、生活的作用。

（2）评价目标。

正确书写水的电离方程式、水的离子积常数表达式。

（3）教学重难点。

① 教学重点：水的电离过程和Kw的含义的理解。

② 教学难点：Kw的含义及应用。

2. 评价目标

（1）能用化学用语正确表示水的电离平衡（宏观辨识与微观探析）。

（2）能正确分析外界因素对水的电离平衡的影响（变化观念与平衡思想）。

（四）教学方法

1. 实验情境引入教学法

首先创设情境，蒸馏水的导电实验：发现灯泡不会发亮。这样就发出疑问："灯泡不亮，难道水不是电解质？"这不仅激发了学生的学习兴趣，使学生由被动接受转变为主动探究，促进学生的思维发展，还起到承上启下的作用，引出第一个学习任务。

2. 手持技术数字化实验教学法

手持技术数字化实验的引入使学生的新知学习耳目一新。

首先，介绍电导率是以数字表示的溶液传导电流能力。其次，利用手持技术数字化实验，测得水是有电导率的。从而得出，水是存在电离平衡且水的电离是极弱的，证明了水是弱电解质。再次，提出问题：如果往烧杯加入热水，水的电导率会发生怎样的变化？再进行手持技术数字化实验，发现：温度升高，水的电导率会升高。最后得出结论：水的电离是一个吸热的过程。

手持技术数字化实验形象地、直观地向学生展示了水的导电情况，充分证明水是弱电解质。

3. 任务驱动式教学法

第一个学习任务：水的电离及离子积常数。活动1，利用手持技术数字化实验测得水有电导率，且温度升高，水的电导率会升高。得出水是弱电解质、水是存在电离平衡、水的电离是极弱的、水的电离是一个吸热的过程。活动2，请学生书写水的电离方程式，给学生时间观察溶液中H^+与OH^-的关系。活动3，介绍水的离子积常数的表达式、影响因素和适用范围，点拨学生要熟记常温下水的离子积常数的数值是1.0×10^{-14}。

第二个学习任务：水的电离的影响因素。学生先独立完成表格，再组织学生进行小组讨论，最后得出结论：升高温度，会促进水的电离；外加酸、碱，抑制水的电离。

第三个学习任务，师生进入互动解疑环节。笔者设计了3道经典计算题。例题是由易到难，层层递进，同时不断呼应前面知识点，引导学生用化学思维解决问题。

（五）"3×6"教学结构图

	设置情境提出问题		学习活动解决问题		课堂应用评价问题
	情境线	问题线	活动线	方法线	评价线
情境创设	实验：蒸馏水的导电实验	灯泡会亮吗？	学生观察、讨论、回答问题	实验引入激发兴趣	学生从真实实验情境出发，观察现象，回答问题
模型引入	手持技术数字化实验，测定水的电导率	水是弱电解质？	学生观察、讨论、回答问题	手持技术数字化实验，让学生的新知学习耳目一新	学生观察真实实验现象，感知水是弱电解质、水的电离是一个吸热的过程
模型辨析	认识水的离子积	表达式？影响因素？适用范围？	准确书写表达式、掌握影响因素和适用范围	熟记常温下水的离子积常数的数值1.0×10^{-14}	构建学生水的离子积常数概念
模型应用	水的电离平衡影响因素	加热？通HCl(g)？通NaOH(s)？	描述平衡移动方向$c(H^+)$、$c(OH^-)$及Kw的变化	学生先独立思考，再讨论，最后得出结论	学生明确升温，促进水的电离；酸、碱，抑制水的电离
模型拓展	互动解疑3道经典计算题	纯水中及酸、碱溶液中，$c(I^+)$？和$c(OH^-)$？	对比思考$c(H^+)$、$c(OH^-)$的变化，发现计算规律	全班熟记必要工具、不断对学生引导性提问	由易到难，层层递进，同时不断呼应前面知识引导学生用化学思维解决问题
模型总结	从知识、方法等多层面总结谈谈本节课学习了什么内容		定性和定量角度总结水的电离知识及计算规律	归纳总结	学生在本节课的收获

图3-1-8

（六）教学过程

表3-1-3

展示目标、重难点	
教学过程	设计意图
【学习目标】 1.了解水的电离平衡及其影响因素。 2.知道水的离子积常数表达式及其应用。 【重难点】 水的离子积常数及其运用	让学生知道本节课要学习什么、掌握哪些必备知识

创设情境	
教学过程	设计意图
【提问】灯泡会亮吗？ 	让学生产生疑问：灯泡不亮，难道水不是电解质

【任务一】水的电离及离子积常数	
教学过程	设计意图
活动1：水是弱电解质？ 【介绍】电导率（以数字表示的溶液传导电流的能力）。 【实验】利用手持技术数字化实验测得水的电导率。 【提问】如果往烧杯加入热水，水的电导率会怎样变化？ 【板书】1.水的电离。 　　　（1）极弱、吸热的过程。 活动2：请你写出纯水的电离方程式，并找出纯水中$c(H^+)$与$c(OH^-)$大小关系。 【板书】（2）$H_2O \rightleftharpoons H^+ + OH^-$　$c_{水}(H^+) = c_{水}(OH^-)$ 【介绍】水的离子积常数的表达式、影响因素、适用范围。 【板书】2.水的离子积常数。 　　　（1）表达式：$K_w = c(H^+) \cdot c(OH^-)$ 　　　（2）影响因素：只与温度有关。 【提问】温度升高，K_w怎样变化？ 【PPT】展示表格：	借助手持技术数字化实验，学生观察到水有电导率，确定水中存在电离平衡；且水的电导率随温度的升高而增大。 学生上黑板板书，写出水的电离方程式，进而介绍纯水中$c(H^+) = c(OH^-)$及水的离子积常数。 锻炼学生从表格获取信息能力。 学生熟记必备知识

$t/℃$	0	10	20	25	40	50	90	100
$K_w/10^{-14}$	0.114	0.292	0.681	1.01	2.92	5.47	38.0	55.0

【板书】温度升高，K_w增大。

（3）适用范围：纯水、稀的电解质溶液。

【熟记】常温（25℃）时，$K_w = c(H^+) \cdot c(OH^-) = 1.0 \times 10^{-14}$ $(mol/L)^2$

续表

【任务二】水的电离平衡影响因素	
教学过程	设计意图
活动3：对常温下的纯水进行下列操作，完成下表： 	改变条件	电离平衡	溶液中[H⁺]	溶液中[OH⁻]	K_w
---	---	---	---	---
升高温度				
通入HCl(g)				
加入NaOH(s)				| 【归纳并板书】升高温度，促进水的电离；外加酸、碱，抑制水的电离！	学生先独立思考，接着小组讨论，锻炼学生的交流能力

互动解疑	
25℃时，水的离子积常数$K_W=10^{-14}$，此时纯水中$c(H^+)=10^{-7}$mol/L，那么$c(OH^-)$？ 100℃时，$K_W=10^{-12}$，在纯水中$c(H^+)$？$c(OH^-)$？ 25℃时，往水中通入HCl气体，形成溶液0.1mol/L的HCl溶液；此时溶液中有没有OH⁻？ 溶液中$c(H^+)$与纯水中的不同，为什么？ 那么溶液$c(OH^-)$根据什么来计算？ 溶液中$c(H^+)$和$c(OH^-)$不同，为什么？ 【归纳】酸溶液：$Kw = c_{溶液}(H^+) \cdot c_水(OH^-)$ 则由水电离出的$c_水(H^+)$？	呼应知识点：纯水中$c(H^+)=c(OH^-)$，点拨利用K_W进行计算。 呼应知识点： 温度升高，K_w增大。 呼应知识点： 水的电离影响因素：加入酸抑制水的电离。 点拨利用K_W进行计算。 提醒学生$c(H^+)$是溶液中的，$c(OH^-)$只由水电离出。 呼应知识点： $c_水(H^+)=c_水(OH^-)$

【小组合作探究】	
教学过程	设计意图
常温下，0.1mol/L的NaOH溶液中$c(OH^-)$？$c(H^+)$？ 则由水电离出的$c_水(H^+)$？$c_水(OH^-)$？ 【归纳】碱溶液：$Kw = c_水(H^+) \cdot c_{溶液}(OH^-)$ 【提问】对比前面例3的由水电离出的$c_水(H^-)$，你发现什么？ 【归纳】同一温度下，当酸溶液$c(H^+)$中等于碱溶液$c(OH^-)$中，对水电离的抑制的程度是一样的。 【学以致用】常温下，某溶液中由水电离产生的$c(H^+)=10^{-9}$mol/L，则此溶液可能是（　　） A. NaOH　　　B. NaCl　　　C. H₂SO₄　　　D.NaHSO₄	分组探究，培养学生分工合作的能力、交往能力和语言表达能力。 通过相关练习的训练，既巩固刚学过的知识，也提升学生分析问题的能力，使所学的知识和能力得到升华

续 表

总结升华	
1.水的电离。 （1）极弱、吸热的过程。 （2）$H_2O \rightleftharpoons H^+ + OH^-$ $c_水(H^+) = c_水(OH^-)$ 2.水的离子积常数。 （1）表达式：$K_w = c(H^+) \cdot c(OH^-)$。 （2）影响因素：只与温度有关，温度升高，$K_w$增大。 （3）适用范围：纯水、稀的电解质溶液。 3.升高温度，促进水的电离；外加酸、碱，抑制水的电离！	PPT展示，系统梳理知识点。 与学生一起归纳回忆，培养学生及时归纳总结所学知识的方法和自觉性，并巩固本节重点内容

（七）板书设计

1. 水的电离

（1）极弱、吸热的过程。

（2）$H_2O \rightleftharpoons H^+ + OH^-$ $c_水(H^+) = c_水(OH^-)$

2. 水的离子积常数

（1）表达式：$K_w = c(H^+) \cdot c(OH^-)$。

（2）影响因素：只与温度有关，温度升高，K_w增大。

（3）适用范围：纯水、稀的电解质溶液。

3. 升高温度，促进水的电离；外加酸、碱，抑制水的电离。

三、教学反思

这节课是实验引入情境下的化学自主课堂类型的公开课。

反思一：课堂教学亮点

（1）将实验"灯泡会亮吗"情境引入课堂实验，激发了学生的学习兴趣，使学生由被动接受转变为主动探究。

（2）手持技术数字化实验形象直观地向学生展示水的电导率及其随温度升高而增大，充分证明水是弱电解质、水的电离是一个极弱、吸热的过程。

（3）受名师刘立雄讲座的启发，先让学生熟记必要的知识，再向学生进行引导性提问，培养学生化学思维的能力。

反思二：情境设置与教学的关系

教学情境的设置，常见的错误是情境与实践教学内容没有密切的联系。实验引入情境的教学，实验素材必须由学生对所学内容的意义构建，必须起到承上启下引出学习任务的作用。

四、专家点评

点评专家：惠州市华罗庚中学正高级教师、特级教师黄进添。

（一）开展以手持技术数字化实验为主的多种探究活动，发展核心素养

本课利用手持技术数字化实验形象直观地向学生展示了水的导电情况，充分证明水是弱电解质。手持技术数字化实验的引入使学生的新知学习耳目一新。通过对水的电离平衡存在的证明及平衡移动的分析，形成并发展学生的微粒观、平衡观和守恒观；结合实验现象、数据等证据素材，引导学生形成认识水溶液中离子反应与平衡的基本思路，实现了现代教育技术和学科教学的完美融合，培养了学生"宏观辨识与微观探析"的核心素养。

（二）采用任务驱动式教学法，环环相扣，课堂高效

本课设置了三个学习任务：一是水的电离及离子积常数（包含3个活动）；二是水的电离的影响因素，以表格形式呈现；三是师生互动解疑，3道经典计算题深化思维。通过让学生画微观图示、解释宏观现象等具体任务，探察学生对水溶液体系认识的障碍点。课堂环环相扣，激发兴趣、产生渴望、促进追求，达到吸引学生注意力、激发听课热情的目的。培养了学生"变化观念与平衡思想"的核心素养。

（三）重视把课堂交给学生，突出学生的主体地位

本课不断对学生进行引导性提问，逼着他们去思考，相信学生，突出学生的主体地位，重视由学生自己去发现问题、解决问题和归纳问题。"灯泡会亮吗？""灯泡不亮，难道水不是电解质吗？"一再问："你发现了什么？""你还发现了什么？"学生在教师的引导下积极行动起来，兴致盎然，其思维始终处于积极的思考状态。

第二节　广东省名教师工作室推荐
参加省级评奖教学设计

基于真实问题情境的以实验探究为主的教学设计
——以"钠及其化合物"（第1课时）为例

惠州市华罗庚中学　黄进添

一、文献综述

（一）指导思想与理论依据

《普通高中化学课程标准（2017年版2020年修订）》提出，倡导真实问题情境的创设，展开以化学实验为主的多种探究活动，促进学生学习方式的转变，培养他们的创新精神和实践能力。教师应精心设计实验探究活动，增进学生对科学探究的理解，发展学生科学探究的能力。真实问题情境是学生化学学科核心素养形成和发展的重要平台。结合真实情境中的应用实例或通过实验探究，使学生了解钠及其重要化合物的主要性质，了解这些物质在生产、生活中的应用；了解通过化学反应可以探索物质性质，实现物质转化，认识物质及其转化在促进社会文明进步、自然资源综合利用和环境保护中的重要价值。

学业要求能依据钠及其化合物的物质类别列举相应的典型代表物；能够列举、描述、辨识钠及其化合物的重要物理、化学性质及实验现象；能用化学方程式、离子方程式正确表示这些典型物质的主要化学性质；能从物质类别、元素价态的角度，依据复分解反应和氧化还原反应原理，预测钠及其化合物的化学性质和变化，设计实验进行初步验证，并能分析、解释有关实验现象；能从钠及其化合物的物质类别视角说明物质的转化路径；能依据钠及其化合物等物质的性质分析某些常见问题，说明妥善保存、合理使用化学品的常用方法；能说明钠及其化合物的应用对社会发展的价值。

（二）教学内容

"钠及其化合物"是人教版化学必修—第二章"海水中的重要元素——钠和氯"第一节的内容，主要教学内容是金属钠的性质、过氧化钠的性质、碳酸钠和碳酸氢钠的性质、焰色试验。第1课时"活泼的金属单质——钠"，主要内容是钠的性质、存在和用途。

（三）教材分析

钠及其化合物是义务教育阶段所学金属铁、氯化钠、碳酸钠和碳酸氢钠等知识的延续，是《普通高中化学课程标准（2017年版2020年修订）》中要求的重要元素化合物知识，也是学习研究物质性质的方法和程序的载体，为后续金属及其化合物的学习建构了研究模型、奠定了学习基础。本部分内容既可以为第一章物质分类、离子反应和氧化还原反应这些理论知识补充感性认识的材料，帮助学生掌握认识物质的基本角度和方法，又为今后学习第三章铁及其化合物、金属材料，第四章物质结构、元素周期律，必修二第六章化学反应与能量等知识打下重要基础；还能使学生真正认识化学在促进社会发展、改善人类生活条件等方面所起到的重要作用。因此，本节在元素与化合物知识板块中占有特殊的地位，具有重要的功能。本节内容包含三个学习主题，分别是"活泼的金属单质——钠""钠的几种化合物""焰色试验"。

（四）学情分析

知识基础分析：学生在初中化学中学习了一些常见的金属，主要是铝、铁和铜，涉及的金属性质以物理性质为主，化学性质涉及金属（铁、铝等）与氧气的反应，学习了金属活动性顺序，知道了金属与酸反应置换氢气、金属与盐溶液的反应规律。对学习单质钠及其化合物已有一定基础。金属钠是一种典型的活泼金属单质，学生对其了解甚少，通过学习可以丰富学生对金属单质的认识；同时在运用原子结构理论解释金属钠的性质、运用氧化还原反应、离子反应的规律理解过氧化钠、碳酸钠和碳酸氢钠性质的过程中，学生能将宏观现象与微观本质联系起来，逐步使自己的认识系统化。

学习素质分析：学生在第一章已经学习了"分类"这一化学学科思想，在初中化学中已经学习了一定的实验基本知识、实验基本操作技能及学习的基本方法，为本节学习打下了较好的基础。大多数学生对进行实验探究及研究物质的性质具有较浓厚的兴趣，已有一定的自学能力，但学生不能很好地运用抽象思维设计实验方案验证猜想，不能很好地运用对比的方法认识物质的性质，也不能自主地研究代表元素的氧化性和还原性，欠缺将真实问题转化为化学问题的能力，科学探究的化学素养有待进一步提升。钠及其化合物属于典型的元素化合物知识，其特点是知识零散、庞杂，学生在学习时难以建立知识之间的联系。本节教学主要通过从元素视角、分类视角及化合价视角，帮助学生从更深层次认识钠及其化合物的性质。

（五）教学现状分析

在已有的教学研究中，情境素材的选择主要有两种方式，第一种直接以实验室中Na、Na_2O、Na_2O_2、Na_2CO_3、$NaHCO_3$为研究对象来学习钠及其化合物，然后应用所学知识去解释与此相关的生活现象；第二种以生活中的真实问题为研究对象展开对钠及其化合物的学习。在新课标的理念下，显然以第二种方式来选择情境素材进行教学，更利于培养学生的学习兴趣，提高学生的化学核心素养。但是，在现有的以钠及其化合物为研究对象的教学中存在以下几个问题：一是更侧重学习具体的事实性知识；二是从物理性质再到化学性质，学生较为机械地死记硬背，没有在分析理解中掌握知识；三是实验探究的方案基本由教师以流程图的形式给出或以教师演示为主，降低了学生实验探究的自主性和开放性；四是在进行实验探究的过程中，缺少分析并解决相应问题的思路引导。

（六）教学思想与创新点

1. 创设真实而富有价值和社会责任的问题情境

在开展"活泼的金属单质——钠"的教学时，并没有直接选择呈现实验室常用的试剂钠，而是选择更具有生活情境更能体现社会责任的中央电视台播出的视频：江湖骗术揭秘"鬼打墙"。按照真实且具有连贯性的问题线索展开思考："赵小燕家里真的有水鬼吗？佟半仙放到水里的物质是什么？佟半仙为赵小燕家除掉水鬼了吗？水鬼被除掉了赵小燕的弟弟康复了吗？"

2. 开展基于真实问题解决的多样化的实验探究任务

在解决不同复杂和陌生程度的真实问题的过程中，经历多个具有化学学科特质的实验探究学习任务，以达到促进"宏观辨识与微观探析""证据推理与模型认知""实验探究与创新意识""科学态度与社会责任"等化学核心素养的目的。所有实验探究活动均由学生自主完成，实验方案由学生结合相应资料在教师指导下自主设计，通过实验证据进而推理验证猜想，教师的工作是组织、引导学生汇报，帮助学生对实验探究过程中涉及的知识与方法进行总结提升。探究实验①"钠与水的反应"较为简单，学生自主探究，属于模型与解释、证据与推理类学习活动。笔者并未直接呈现钠的物理性质，而是创造性地要求学生从化学反应现象中推理出钠比水轻、熔点低等物理性质，培养证据推理及模型认知核心素养；探究实验②"钠与水反应产生气体的收集和检验"较为复杂和陌生，在教师的引导下，学生经历收集氢气、验证氢气一体化的探究，探究实验②属于模型与预测、证据与推理类学习活动；探究实验③"钠与硫酸铜溶液的反应"对学生来说较为复杂和陌生，特别是引导学生仔细观察蓝色絮状沉淀和黑色物质的产生，属于更高层次的探究，属于模型与预测、证据与推理类学习活动；探究实验④"利用手持技术数字化实验测量空气中CO_2的含量"较为简单和陌生，属于模型与解释、证据与推理类学习活动。

（七）指向核心素养的教学目标

（1）通过对金属钠的物理性质和化学性质的研究，认识到钠是一种很活泼的金属；能从宏观的角度认识钠元素的存在形式，通过分析推理、实验探究认识钠的性质，建构结构化的知识体系，深化对氧化还原反应、离子反应相关概念的理解。通过对钠与水反应产生气体的收集与检验，在活动中建构解决检验性任务的一般思路模型，进一步提升学生使用模型解决问题的能力。

（2）通过钠与硫酸铜溶液反应产物的预测及检验、实验现象分析及实验方案的设计，引导学生观察、分析实验现象，让学生了解研究物质性质的基本方法，体会实验探究在化学研究中的作用，培养学生根据证据进行推理的能力及"科学探究与创新意识"核心素养。

（3）通过对钠及其化合物的研究，激发学生学习化学的兴趣，引导学生树立将化学知识与生产、生活实践相联系的意识，培养学生"科学精神与社会责任"核心素养。

（八）教学重点、难点

1. 重点

（1）钠和氧气、水的反应。

（2）研究物质性质的方法和程序。

2. 难点

（1）性质的实验现象的观察和分析推理。

（2）从微观视角分析物质性质。

（九）教法、学法

（1）教法：实验演示法、实验探究法、证据推理法、讲授法、讨论法等。

（2）学法：自主学习法、探究学习法、合作学习法等。

（十）基于真实问题和实验探究的教学流程

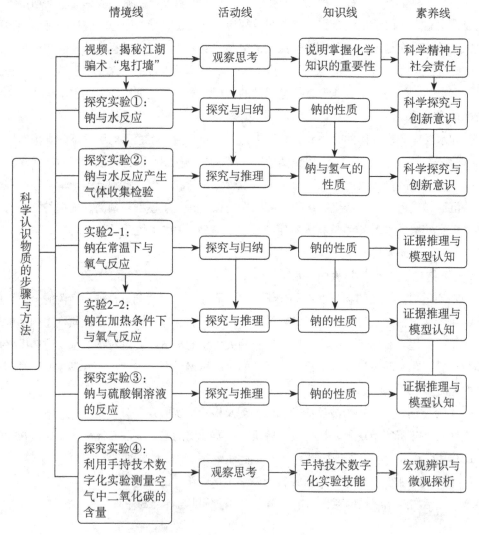

图3-2-1

二、教学过程

环节一：情境引入，播放视频，了解金属钠的活泼性

表3-2-1

学习任务	教师活动	学生活动	设计意图
【任务1】了解金属钠是一种活泼的金属。 【任务2】钠与水的反应	【创设情境】播放视频，江湖骗术揭秘："鬼打墙" 【问题驱动】 （1）赵小燕家里真的有水鬼吗？ （2）佟半仙放到水里的物质是什么？ 指导学生完成【探究实验①】"钠与水的反应"，引导思考：钠在金属活动顺序表中的顺序？钠与水反应有哪些现象？从上述现象中推断钠有哪些性质	观看视频现象分析 思考与交流 学生小组演示实验	结合视频水盆中发生的反应导出新课并创设问题链，说明掌握化学知识的重要性。 诊断学生对金属性质的认识水平，建立结构决定性质的观念，塑造宏观辨识与微观探析的化学学科素养

环节二：合作实验，探究钠的化学性质

表3-2-2

学习任务	教师活动	学生活动	设计意图
【任务3】钠与水反应产物。 【任务4】钠的物理性质。 【任务5】钠与氧气的反应。 【任务6】探究钠与硫酸铜的反应。 【任务7】手持技术数字化实验测量空气CO_2含量	【探究实验②】引导学生思考钠与水反应产生的气体是什么气体？ 【实验2-1】组织学生结合实验认识钠的物理性质。 结合【实验2-1】组织学生分析"新切开钠的表面变化"。 指导【实验2-2】引导学生认识实验条件对化学反应的影响。 【探究实验③】"钠与硫酸铜溶液的反应"，引导学生仔细观察蓝色絮状沉淀和黑色物质的产生。 【探究实验④】利用手持技术数字化实验测量空气中CO_2的含量，引导学生建立数据曲线模型	学生小组演示实验 思考与交流 思考与交流 学生小组演示实验 提出假设→设计实验→检验假设→完成实验→实验观察	结合【探究实验②】【实验2-1】【实验2-2】，诊断学生观察、分析与归纳等能力，培养合作学习的态度、认识不同实验条件对反应产物的影响、培养学生的质疑精神；结合探究实验③，引导学生认识预测反应产物，实验方案的设计与评价，增强实验安全意识，诊断并发展学生的实验探究、证据推理的学科核心素养。 结合探究实验④引导学生掌握手持技术数字化实验操作，为后面焰色试验做准备

环节三：应用分析，金属钠的保存与应用

表3-2-3

学习任务	教师活动	学生活动	设计意图
【任务8】金属钠的保存与应用	【问题驱动】 （1）如何保存金属钠？如何选择密封剂？ （2）钠在生产生活中有哪些应用？	思考与交流	发展和诊断学生运用已有化学知识分析、解决问题的能力，树立结构决定性质的观念

环节四：学习反思，科学认识物质的步骤与方法

表3-2-4

学习任务	教师活动	学生活动	设计意图
【任务9】科学认识物质步骤与方法	构、类、价　　　　　　　基于实验证据 用途↔性质（观测、检验）↔实验（验证、探究）↔结论（解释、推论） 猜想、对比、类比　观察、分析　分析、归纳		发展学生建构科学认识物质的步骤与方法，形成科学研究物质的基本化学观念

板书设计：

金属钠的名片

1.物理性质：质地柔软、密度比水小、熔点低、银白色金属光泽

2.化学性质：活泼

与水剧烈反应：$2Na+2H_2O=2NaOH+H_2\uparrow$

与氧气反应：$4Na+O_2=2Na_2O$，$2Na+O_2 \xlongequal{\triangle} Na_2O_2$

与硫酸铜溶液反应：$2Na+2H_2O=2NaOH+H_2\uparrow$

　　　　　　　　　　$2NaOH+CuSO_4=Cu(OH)_2\downarrow+Na_2SO_4$

存放：煤油或石蜡油中

三、教学反思

本节课采用了基于真实问题开展实验探究教学方法，从学生访谈、五点量表和实验操作情况来看，实现了教学目标，效果非常好。

（一）教学亮点

（1）本节课通过学生操作的6个演示实验，探究金属钠和水的反应、与氧气在常温和加热条件下反应、与硫酸铜溶液的反应，理论结合实验，从多角度探究钠和水反应产生什么气体，并展示金属钠的用途，最后学生通过手持技术数字休实验测量空气中CO_2含量，践行了新课标"展开以化学实验为主的多种探究活动"的教学理念。

（2）课堂上学生操作、分析探究实验超过20分钟，自主思考、总结、归纳超过5分钟，

整节课以探究学习为主，课前小组合作自主设计实验方案，充分发挥学生为主体、教师为主导的作用。

（3）教学中创设的证据与推理、模型与解释、模型与预测等具有学科特质的学习活动探究任务，有力地提升了学生的化学核心素养，帮助学生树立了"化学是一门以实验为基础的学科，实验是化学的最高法庭"的思想理念。

（4）学生学习方法上有重要收获。学生谈道，通过本节课的学习可以从多角度来认识物质，比如这节课学习到可以从化学反应现象中预测物质的物理性质，如钠比水轻，熔点较低等，印象非常深刻。

（二）教学改进——学生访谈反馈的主要内容

课后我对学生进行了访谈，由学生谈自己的最大收获或实验中印象最深刻的地方，学生反馈主要有以下4个方面。

（1）有学生反思自己动手操作将金属钠在坩埚中加热时，淡黄色固体里看到一些黑色物质，初步分析可能是煤油没有擦干净不完全燃烧所致，自己在日后实验操作时会注意。

（2）有台下学生表示用刀切开金属钠时没有看到迅速变暗，反思可能是投屏太早，如果再新切开一小块钠进行对比，就可以看到先切开的钠变暗了，启示自己需要对异常现象多思考。

（3）有学生表示，在检测钠和水反应产生的气体时，产生的气量较少，燃烧时间比较短。学生表示，是否可以适当增大金属钠的用量。经过讨论，觉得从安全角度考虑，还是以绿豆大小为宜，既不浪费药品，现象也很明显，这是绿色化学所倡导的。

（4）对于钠和硫酸铜溶液反应的理解，学生认为如果都是在熔融状态，理论上置换出铜是可以的，但在实践上和实际生活中意义不大。

（三）学生创新钠和水反应的探究实验

教学中首先让学生演示课本探究实验将钠放入烧杯水中，观察现象（见照片①②）。

照片①　　　　　　　　　　照片②

图3-2-2

接着，我创造性地将钠放入集反应、收集、检验于一体的容器中，进行实验探究，产生气体的水位下降，气体将水压至另一端，挤压玻璃珠，点燃气体安静燃烧，证明钠和水反应产生的气体为氢气（见照片③④）。

照片③

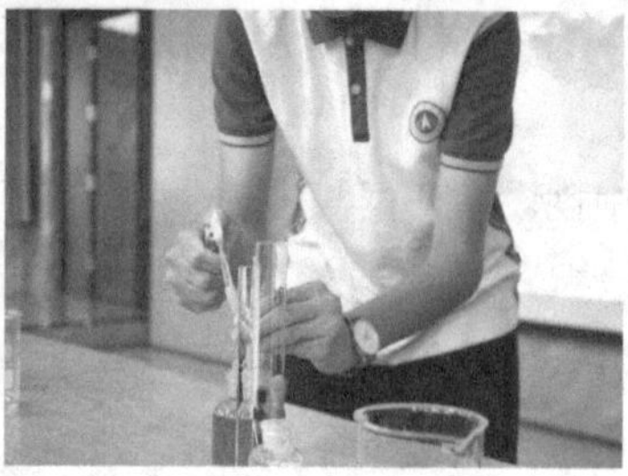

照片④

图3–2–3

创新改进后的实验有四个优点：一是仪器简单，可循环使用，降低实验成本；二是操作简单，便于学生或教师演示，火苗的大小可通过控制玻璃珠来调节，装置的自动化程度比较高；三是气体纯净，实验安全有保障，反应前形成了充满水的密闭体系，生成的气体中不会混有空气；四是现象明显，点燃时能见到气体安静地燃烧，有淡蓝色的火焰等明显的实验现象。不足之处是听不到“噝噝”的响声。所以我把两个实验进行对比效果是最好的，学生实验探究能力的培养在于教师课堂所设计的探究性任务合理恰当，而真实问题的解决是极具价值的学习活动，教师须在新课标理念下创造性设计探究任务。

（四）教学机智——以钠和硫酸铜溶液反应的探究实验激发学生质疑

在学生观察钠跟水激烈反应的现象后，我提出：Na能不能从$CuSO_4$溶液中置换出Cu来？随后创设了Na和$CuSO_4$溶液反应的探究实验，让学生把Na放入$CuSO_4$溶液中，观察产生的现象并分析原因。看到Na在$CuSO_4$溶液中激烈反应，有无色气体和蓝色絮状沉淀生成（见照片⑤⑥）。

照片⑤

照片⑥

图3–2–4

我趁机激发学生质疑“蓝色絮状沉淀怎么来的？”学生很快写出“Na跟H_2O反应生成NaOH和H_2，NaOH再跟$CuSO_4$反应生成$Cu(OH)_2$沉淀”的化学方程式，明确了Na不能从$CuSO_4$溶液中置换出单质Cu，学生的思维能力得到提高。

考虑到实验的安全性，我把Na和$CuSO_4$溶液反应放在大烧杯中进行，因此没有观察到黑色成分产生。但我在实验室用小烧杯做试验时，就看到了黑色物质。我问学生：蓝色絮状沉淀里有黑色成分，那是什么呢？是Cu吗？“不是Cu，因为Cu不是黑色的。”我问：跟Cu有关的黑色物质可能是什么呢？同学们脱口而出：“CuO！”“那为什么会有CuO产生？”学生兴趣盎然："因为Na跟H_2O的反应放出热量，使溶液温度瞬间升高，部分Cu（OH）$_2$分解出黑色CuO。"从旁引导、循循善诱，既使学生走出钠能在溶液中置换出Cu的误区，激发学生养成质疑习惯，又增强了学生仔细观察化学现象"蛛丝马迹"的浓厚兴趣，培养了学生的观察能力。

（五）再教设计

课后，我专门实验来确定Na和$CuSO_4$溶液反应时，$CuSO_4$溶液的用量问题。该反应比Na和H_2O的反应来得剧烈，最后发现，取5%的$CuSO_4$溶液两滴管于一烧杯中，加水稀释至50毫升，然后将绿豆大小的Na投入溶液中，反应就没有那么剧烈了，而且很明显地可以看到最后烧杯中有蓝色絮状沉淀产生。其实用装有半杯稀释$CuSO_4$的小烧杯做这个实验，取用绿豆大小的Na，也不会发生什么危险，而且可以清晰看到蓝色絮状沉淀里的黑色成分，所以以下次做这个实验时还是放在小烧杯中进行。实验探究的过程不可能一蹴而就，需要不断实践总结。

我的教学理念是：开展实验探究活动，回归化学学科本质。

附1：

五点量表："活泼的金属单质——钠"教学调查

亲爱的同学：

你好！非常感谢你参与本次教学！为了了解本课的教学效果，请你配合完成以下调查问卷。请你根据自己的课堂体会和真实看法，对刚才的化学课进行客观评价。你的反馈信息是老师做课堂教学研究最宝贵的第一手资料，我会根据你的意见进一步改进和完善我的教学。本调查问卷采取不记名方式，请你按照真实情况放心作答。请根据你的课堂体会和看法选择一个答案，并在相应选项下面的空格中打"√"。

五等选项包括：非常同意、同意、一般、不同意和非常不同意，分别记为5、4、3、2、1分。

项目	题目和内容	得分
环节一	1.我知道钠的原子结构和在金属活动顺序表的位置	4.93
	2.我从钠和水反应中知道钠的物理性质（密度熔点硬度）	4.96
	3.我知道熟记钠和水反应的"浮游熔咝红"现象及原因	4.85
	4.我明白钠和水的反应是氧化还原反应	4.89
环节二	5.我能理解如何检验钠和水反应产生的气体是氢气	4.87
	6.我知道钠和氧气在不同条件下反应现象和产物不同	4.83
	7.我明白钠和硫酸铜溶液反应首先是钠和水反应	4.78
	8.我明白钠和硫酸铜溶液反应中的黑色物质是氧化铜	4.67
环节三	9.我能理解金属钠的保存和密封剂的选择	4.94
	10.我理解钠的强还原性和在生产生活中的应用	4.79
	11.我能用双线桥法分析钠和水的反应，写出离子方程式	4.61

续 表

项目	题目和内容	得分
情感态度	12.我不知道这节课的重点在哪里	1.06
	13.我听不懂这节课	1.02
	14.通过此堂课的学习，毫无收获，浪费时间	1.00

问题解决	问题解决具体内容	非常同意	同意	一般	不同意	非常不同意
任务一	1.我知道钠的原子结构和在金属活动顺序表的位置					
	2.我从钠和水反应中知道钠的物理性质（密度熔点硬度）					
	3.我知道熟记钠和水反应的"浮游熔嘶红"现象及原因					
	4.我明白钠和水的反应是氧化还原反应					
任务二	5.我能理解如何检验钠和水反应产生的气体是氢气					
	6.我知道钠和氧气在不同条件下反应现象和产物不同					
	7.我明白钠和硫酸铜溶液反应首先是钠和水反应					
	8.我明白钠和硫酸铜溶液反应中的黑色物质是氧化铜					
任务三	9.我能理解金属钠的保存和密封剂的选择					
	10.我理解钠的强还原性和在生产生活中的应用					
	11.我能用双线桥法分析钠和水的反应，写出离子方程式					
任务四	12.我不知道这节课的重点在哪里					
	13.我听不懂这节课					
	14.通过此堂课的学习，毫无收获，浪费时间					

学生调查问卷各题平均分

本问卷采用李克特式五点量表计分法，选项包括：非常同意、同意、一般、不同意和非常不同意，分别记为5、4、3、2、1分。发放问卷54份，回收问卷54份，回收率100%。

学生课堂知识掌握情况分析：环节一为认识金属物质的基本模板，钠的结构、物理性质、钠的化学性质，学生的平均分为4.91分，说明学生对钠的原子结构、位置、物理性质重要化学性质已经有非常清晰的了解。环节二为知识深化和迁移，将钠和水反应产生氢气、与氧气不同条件下反应、与硫酸铜溶液反应等进行拓展，题目5～8的平均分为4.79分，可以看出学生通过前面环节的学习以及实验探究能够有效地将钠和水反应的知识进行拓展深化。环节三钠的保存和应用（题目9～10）平均分为4.78分，说明学生初步形成对于结构、性质、应用一体化的认识，说明本节课的教学效果非常好；题目11综合性比较强，得分4.61，说明学生前面的基础知识掌握比较牢固。

12～14题通过反向设问，用于测试学生作答问卷的认真程度。得分很低，说明学生有认真审题、思考与作答，没有胡乱应付，证明此测试有效。

附2：

第一节　钠及其化合物
第1课时　活泼的金属单质——钠

【课标要点】

了解钠的主要性质，能从微观角度理解钠的化学性质与其结构的关系，并从宏观上加以验证。

【学习目标】

1. 从原子结构上了解钠单质的主要化学性质。

2. 了解钠与氧气在常温与加热条件下反应产物的不同。

3. 了解化学钠单质与水的反应。

【导学内容】

（请你阅读教材P34—37，完成下列填空）

1. 钠元素的存在

钠元素比较活泼，故在自然界中都是以_____存在，如NaCl等。

2. 钠的结构

（1）钠的原子结构示意图。

（2）结构特点：最外层上只有1个电子，很容易_____，表现出很强的_____。

3. 钠的物理性质

用镊子从煤油中取出一小块钠，用滤纸洗干净表面煤油，用小刀切去外皮，观察现象。

保存在煤油中→

用小刀切割→

钠的物理性质

颜色	光泽	状态	熔点	沸点	硬度	密度	导电、导热性

4. 钠的化学性质

钠通常保存在石蜡油中。取用时用镊子夹取，切割后剩下的钠切不可放入废液桶中。纯净的钠是银白色固体；常温下，切开的金属钠的截面会很快变暗，原因是（用化学方程式表示）。

（1）与非金属单质反应

① 和氧气的反应（教材P35·实验2-2）

实验操作	见教材P33图（1）（2）（3）（4）
实验步骤	
实验现象	
结论	

反应方程式：

② 钠还可以与S、Cl_2等反应。

反应方程式：

（2）钠与水的反应（教材P36·探究）

根据实验现象，总结钠的其他性质：

钠浮在水面上→

钠熔成闪亮的小球→

小球在水面上迅速游动→

发出"嗞嗞"的响声，且钠很快消失→

反应后水溶液中滴加酚酞试液，溶液变红→

结论：

【你的收获】

【问题探究】

金属钠着火怎么处理，能否用水扑灭？

能否设计实验证明钠与水反应产生气体的成分？

钠与硫酸铜溶液如何反应？

【课后巩固】

1. 下列关于钠的叙述，错误的是（　　　）。

A.钠可以保存在煤油中

B.用一般的化学置换法不能制取金属钠

C.自然界中无游离态的钠存在

D.钠在自然界中燃烧生成氧化钠

2. 将一块银白色的金属钠放在空气中会发生一系列的变化：表面迅速变暗→"出汗"→变成白色固体（粉末）。下列有关叙述不正确的是（　　　）。

A.表面迅速变暗，是因为与空气中的氧气反应生成了氧化钠

B."出汗"是因为生成的氢氧化钠吸收空气中的水蒸气在表面形成溶液

C.白色固体（粉末）为碳酸钠

D.该过程所有化学反应均为氧化还原反应

基于化学史和情境应用的氧化还原反应教学设计
——氧化还原反应第1课时

一、教学内容

本课选自2019新人教版化学必修第一册第一章第3节氧化还原反应。

新课标所提出的内容要求：学生需要知道存在化合价变化的全部反应为化学上的氧化还原反应，并应了解该类反应一定伴随着电子转移，此外，学生还需要了解比较普遍的氧化剂与还原剂。

学业要求：能依据元素价态列举某种元素的典型代表物。可借助于氧化还原反应，对比较普遍的反应展开分类与细致剖析。同时可以从元素价态方面入手，基于经典的氧化还原反应基本原理，对物质可能发生的化学性质进行预测，先对实验进行设计，而后验证。除此之外，学生还需要从元素价态变化方向着手，阐明物质所对应的转化路径。

二、教材分析

氧化还原反应在中学化学阶段的知识中处于非常重要的地位，是整个高中化学教学的主线和重点之一，是高中化学反应理论的基础，贯穿中学化学学习的全过程，同时，也是日常生活、工农业生产和现代科技中经常遇到的一类关键的化学反应。在本节内容学习之后，学生需要深入了解化学反应的具体分类。本节教材承上启下，不仅针对初中阶段所涉及的氧化反应及相应的还原反应知识进行了回顾，而且引导学生对氧化还原反应进行相对深入的学习。应用方面，氧化还原反应主要体现在金属的腐蚀等方面。让学生深入了解该类反应的具体概念，帮助学生从真正意义上明白这些反应的本质，故而，学生对这一节的理解程度与后

期对化学学科的学习密切相关。

三、学情分析

在初中阶段学生已经学习了氧化反应及相应的还原反应，并了解了比较普遍的元素化合价，还对原子结构有了基本的认知，所以高中阶段可依托于初中阶段积累的理论知识，分析氧化还原反应期间的电子转移现象。

在方法上，学生已经能查阅相关资料，并展开相对深入的分析，对在资料中发现的诸多问题，也能进行科学得当的处理，有了较高的归纳推理能力。

在化学观上，学生已有了基本的微粒观、分类观等化学学科方面的多样化思想及观念。这有助于该阶段的学生学习氧化还原反应的具体概念，便于开展这方面的教学活动。

四、教学目标

宏观辨识和微观探析：通过化学史的学习从宏观上理解化合价变化是氧化还原反应的表观现象，通过阅读讨论课本氯化钠、氯化氢的形成过程和原电池装置实验探究，从微观上明确物质发生化合价的改变因素为电子转移。

证据推理和模型认知：通过设计问题情境，由表及里，由现象到本质，再由微观到宏观培养思维的深刻性，基于此培养学生自身的逻辑思维。利用小组讨论等有效形式锻炼学生，建立氧化还原反应过程中所涉及的电子转移模型，并基于这一模型帮助学生理解该反应的本质。

科学探究和创新意识：高中阶段的学生需要学习氧化还原反应基本特征，并了解化合价变动之后为何发生了电子转移，逐步推进，引导学生展开深入探究，学习由表及里以及逻辑推理的科学探究方法，引导学生发散思维，并秉持科学严谨的态度，积极探索化学学科的本质。

科学精神与社会责任：在氧化还原反应概念的形成过程中，建立"透过现象看本质"和"对立统一"的唯物辩证主义观，了解化学来源于社会，与此同时，各种类型的化学知识又可以应用到服务社会的过程中，体验化学概念从生活经验到理性规范的演变过程。

五、教学重、难点

教学重点：从化合价的改变方向着手，同时考虑到电子转移，帮助学生深入了解氧化还原反应。

教学难点：从化合价的改变方向着手，同时考虑到电子转移，让学生深入了解氧化还原反应。

六、教法、学法分析

（1）化学史情境法：一般情况下，概念教学以教学工作者为主导，但这一类教学模式使得教学氛围非常沉闷，难以充分调动学生的学习热情。在此情况下，可以从生活方面比较普遍的氧化还原反应现象着手，引导学生从感性认识到理性认识、从特征到本质、从未知到已知，主动建构氧化还原反应的概念。

（2）问题讨论法：通过观察课本插图小组讨论，让学生从微粒方面入手，深入探究NaCl等化合物形成之前与之后的元素形态是否保持一致，如果不一致，让学生讨论氧化还原反应过程中化合价改变的根本因素。

（3）实验探究法：学生设计实验揭示氧化还原反应的本质，将课本插图及动画模拟作为辅助手段，引导学生深入探究问题的本质，让其了解氧化还原反应中化合价改变的根本因素，突破难点。

（4）小组汇报展示法：各小组展示预习作业"生产生活中的氧化还原反应"，并用本节课所学分析物质的作用，提高学生运用知识解决问题的能力。

七、教学设计思路

本节遵循"从生活走近化学，从化学走向社会"的新课程理念。教学内容已细致划分为三大部分。第一部分，引导学生从身边的生活现象方面入手，真切地体会常见的氧化还原反应；第二部分，为学生讲述化学史的发展历程，向学生展示原电池实验，让其体会到氧化还原反应的本质；第三部分，依托相关理论引导学生对生活中存在的一些问题进行科学的处理，让其体会到氧化还原反应的价值所在。本节十分关注"感受"方面，故而，学生的情感与价值观为本节的核心目标。不仅如此，本节还十分关注过程和方法目标的实现。

表3-2-5

环节	情境线	知识线	任务线	思维线	评价线
创设情境新课导入	中秋节大家吃月饼时，发现里面有一包脱氧剂，它的成分是什么？作用和原理是什么	得失氧的角度认识氧化还原反应	从得失氧的角度判断化学反应的类型	认知冲突	评价学生的自主思考能力
探究氧化还原反应的特征	回顾科学史，在19世纪，在化合价这一概念被提出以后，人们发现可以从化合价的角度重新认识氧化反应、还原反应	氧化还原反应的定义	从元素化合价升降的角度定义氧化还原反应	对立统一	评价学生的交流能力及探究能力
探讨氧化还原反应的实质	1897年，英国物理学家汤姆孙发现了电子。20世纪初，建立了化合价的电子理论。人们把化合价的升降与原子最外层电子的得失和共用联系起来。①什么原因导致元素的化合价变化？②氧化还原反应的本质是什么	氧化还原反应的本质是电子的转移	以两个反应为例探讨氧化还原反应的实质	宏微结合对立统一	评价学生的宏微结合思维及认识关联结构化水平

续表

环节	情境线	知识线	任务线	思维线	评价线
探讨氧化还原反应的实质	如何设计实验验证氧化还原反应的实质是电子的转移	电子的定向移动形成电流	学生用原电池实验证明电子的转移	学科融合	评价学生科学探究和创新能力
归纳概括联系巩固	同学们能从三个角度系统阐述一下氧化还原反应的概念吗？氧化还原反应与初中四种基本反应类型的关系是怎样的	氧化还原反应的概念；氧化还原反应与四大基本反应类型的关系	从三个角度系统阐述氧化还原反应的概念；归纳氧化还原反应与初中四种基本反应类型的关系	定性思维交叉分类	评价学生的交叉分类思维
联系生活应用知识	氧化还原反应在生产生活中应用很广，请同学们举例说明，并且详细论述如何服务人类生活	氧化还原反应在生产生活中的应用	举例说明氧化还原反应在生产生活中的应用	宏观辨识	评价学生对化学价值的认识水平

八、教学过程

表3-2-6

环节一：引入新课		
教师活动	学生活动	设计意图
【导入】 1.打开一个月饼，提出问题：脱氧剂的成分、作用及原理是什么？ 2.解释脱氧剂的作用原理，引入氧化反应和还原反应	【分析、思考讨论】 拆开一包新的脱氧剂和一包久置的脱氧剂，对比分析其应用原理	从生活中的例子引入氧化还原反应
【化学史1】1774年，拉瓦锡提出了十分经典的燃烧氧化学说，人们将相关物质和氧结合之后的反应，统一称为氧化反应，而失去氧的反应则统一称为还原反应。 【小结】如果这两种反应在同一时间发生，便被定义为氧化还原反应	【思考、分析讨论】 得到氧，发生氧化反应 $2CuO+C \xrightarrow{\text{高温}} 2Cu+CO_2\uparrow$　同时发生 失去氧，发生还原反应	从化学史回顾初中所学的知识
环节二：探究氧化还原反应的特征		
【化学史2】1852年，英国研究者弗兰克兰曾提及吸引元素所具有的化合能力，即原子价和化合价。而后，人们开始重新认识氧化还原反应。那一反应和元素化合价之间存在何种关系	【分析思考】 标出反应化合价 化合价降低，发生还原反应（被还原） $\overset{+2}{2}CuO+\overset{0}{C} \xrightarrow{\text{高温}} \overset{0}{2}Cu+\overset{+4}{CO_2}\uparrow$ 化合价升高，发生氧化反应（被氧化）	培养学生的归纳能力，并从该角度将各种类型的化学反应分类

结论：如果相关元素的化合价抬高，那么这类反应称为氧化反应，反之则称为还原反应。请从相关元素化合价改变的方向着手，来判定下述方程式是否为氧化还原反应？$$\overset{0}{2Na}+\overset{0}{Cl_2}\xrightarrow{\text{点燃}}\overset{+1\ -1}{2NaCl}$$ $$\overset{+4}{3NO_2}+H_2O\xrightarrow{}\overset{+5}{2HNO_3}+\overset{+2}{NO}$$	【回答】反应之前及其之后的元素化合价出现了改变	
	氧化还原反应 → 元素化合价发生变化的反应	
	非氧化还原反应 → 元素化合价不发生变化的反应	

环节三：探讨氧化还原反应的实质		
【化学史3】1897年，英国物理学家汤姆孙首次发现了电子。20世纪初，建立了化合价的电子理论。人们把化合价的升降与原子最外层电子的得失和共用联系起来。阅读课本P23并讨论： ①什么原因导致元素化合价的改变？ ②何为氧化还原反应的实质	【翻开课本22页，讨论分析】学生代表分析氯化钠的形成过程：化合价升降的本质是出现电子得失 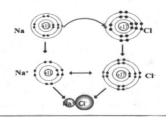	引导学生从微观方向着手，深入探究价态变化
【投影动画】氯和钠的原子结构示意图及氯化钠的形成过程		科技的直观性
【过渡】 化合价升降一定是因为电子的得失吗？	【回答】 不一定	思维发散
【投影】氯和氢原子结构示意图及氯化氢的形成过程 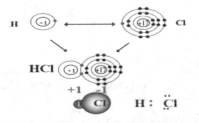		理解电子的偏移
【教师解释】 对于氢原子，最外层只有1个电子，它有想得到1个电子的愿望，对于氯，最外层有7个电子，它也有想得到1个电子的愿望。采用双赢的思想，即电子共用。氢将电子移到中间，氯也将自己1个电子移到中间，这样就形成一个共用电子对，不看氢，对于氯而言，最外层有8个电子稳定结构；不看氯，对于氢而言，最外层有2个电子稳定结构。但是，氯毕竟吸引电子能力强，所以，虽是共用电子对，但电子是偏向氯的。所以氢显+1价，氯显−1价	【回答】 谁强电子偏向谁，氯核电荷多，共用电子对偏向氯偏离氢，所以氯为−1价，氢为+1价	深化对"电子转移"的理解

续表

【提问】现在明白化合价升降的原因是什么吗	【回答】	归纳总结
【讲解】电子的得失或偏移用"电子转移"来概括	电子的得失或偏移	
【过渡】大家现在对氧化还原反应有什么样的认识？ 电子偏离，化合价升高，氧化反应 $\overset{0}{H_2}+\overset{0}{Cl_2}\xrightarrow{\text{点燃}}2\overset{+1-1}{HCl}$ 电子偏向化合价降低，还原反应 失去电子，化合价升高，氧化反应 $2\overset{0}{Na}+\overset{0}{Cl_2}\xrightarrow{\text{点燃}}2\overset{+1-1}{NaCl}$ 得到电子，化合价降低，还原反应 氧化反应：失电子，化合价提高 还原反应：得电子，化合价下降	【思考、交流】 氧化反应： 失电子，化合价提高 还原反应： 得电子，化合价下降	从认知上在"化合价升降"和"氧化还原反应"之间建立联系
【过渡】电子的转移其实我们是看不见的，但有一组同学可以用实验让大家"看见"电子的转移 Zn　C 稀H_2SO_4	【实验验证】小组同学合作进行实验、讲解现象及原因。 $2Zn+H_2SO_4=\!=\!=ZnSO_4+H_2\uparrow$ $\underset{2e^-}{\rule{2cm}{0.4pt}}$	从宏观现象认识氧化还原反应的实质是电子的转移

环节四：归纳概括，联系巩固

| 【小结】氧化还原反应一定会出现元素化合价改变；电子转移属于该类反应的本质。那么这种反应和初中阶段的基本反应类型有哪些关系呢 | 从三大维度入手，论述氧化还原反应的具体概念。
总结该类反应和初中阶段的基本反应类型存在哪些关系 | 定性思维
交叉分类 |

环节五：联系生产生活，应用知识

| 【过渡】我们也能根据氧化还原反应的特点推断反应产物中物质的化合价。
【学以致用1】利用氧化还原反应原理推断反应产物：工业上$FeCl_3$溶液腐蚀铜制作印刷电路板的化学方程式。（提示：根据化合价变化预测） | 【思考】分析元素化合物价态变化写出反应产物。
$Cu+2FeCl_3=CuCl_2+2FeCl_2$ | 迁移应用，培养学生的逆向思维 |

续 表

【学以致用2】氧化还原反应在生产生活中应用很广,请同学们举例说明,并论述其如何服务人类生活	分组合作,合作学习:各小组展示生活中的氧化还原反应,并分析各物质的作用	从生活中来,到生活中去,学会知识的生活化应用

【总结】

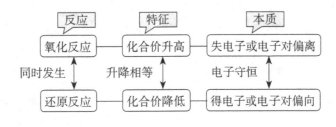

九、板书设计

第3节　氧化还原反应第1课时

1. 基于化学史认识氧化还原反应的概念

从得氧失氧方面→从元素化合价变化方面→从电子转移方面

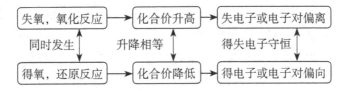

2. 氧化还原反应的表示方法和在生产生活中的应用

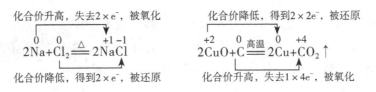

十、教学反思

(一)教学亮点

1. 基于化学史的建构主义教学理念设计

高中阶段化学学科的概念理论教学,在其实际设计过程中,须秉持十分经典的建构主义理论,以学生为主体。结合这一理论,本文在教学设计过程中,十分关注在化学史背景下,深入浅出地阐明概念的发展。与此同时,本文在教和学方面不一味选用以往所一直沿用的传统教学模式，而选择将化学史料情境引入现实，实现科学有效的互动启发式教学，引导学生自己建构知识体系。

2. 情境与知识高度融合、知识与能力相互交融

一是体现了教学情境的生活性。月饼中的脱氧剂、维生素C、果汁饮料和葡萄酒中的抗氧化剂、苹果在空气中的颜色变化、工业用氯化铁溶液腐蚀铜板等情境都来源于生活，这样不仅能够提高学生对化学学科的学习热情，而且可以让学生深入认识到化学学科的学习能够真正应用于生活。二是体现了教学情境的探究性。用原电池实验探究氧化还原反应的实质，用高锰酸钾溶液验证维生素C能抗氧化，让学生在探究中体验过程，在观察中学会质疑，在质疑中学会思考。三是体现了教学情境的思维性。本节课的教学情境根据学生心理认知特点不断进阶设置问题，让学生在问题中不断体悟知识，感受知识解决问题的功能与价值。四是体现了教学情境的融合性。知识与情境高度融合，知识需要情境支撑，情境需要知识来进行解构，体现知识学习的价值。五是体现了教学情境的体验性。本节课设计了1次动手观察脱氧剂、1次学生演示探究实验、2次交流讨论、多次学生问答和上台展示，让整个课堂成为思维场，成为智慧生长的地方，也成为发展学生学科核心素养的绝佳场所。

（二）教学改进

1. 教学设计的生活化

在新课标中，明确提到要增强学生对化学科技活动的参与热情，要具备化学学科的基本素养，能把化学原理在生活及生产中得以解释和应用，并提高对社会及生活中出现的化学现象给予正确判断和解读的能力。所以，在教学中，通过环境架设和条件创造让学生感受化学就在我们身边，并加深其对化学原理的认识。因此，在进行教学设计时，利用资源进行优化配置，提高资源利用率，如让学生课前自行收集相关素材，进行化学原理的分析探究等，不仅能促进学生对化学原理理解的加深与巩固，还能促进学生对化学活动参与积极性的提高。

2. 突破教材局限

结合鲁科版教材中氧化还原反应的实质探究实验设计，挖掘深层教学资源，让学生自行设计实验探究氧化还原反应的实质。并结合苏教版的教材设计，紧扣"生活走向化学，化学服务社会"主题，帮助学生真切体会到化学的魅力所在。

3. 改进预习作业

小组合作寻找生产生活中的氧化还原反应素材并说明原理，上课时派代表展示。平时的预习只是学生个人完成教师布置的问题作业，一般比较简单，学生的积极性不高。小组合作的形式更能集中学生智慧激发他们的学习兴趣，展示环节给同学们提供了展示的机会，突出了学生的主体地位。

（三）教学机制

1. 对知识进行精彩提炼，使之得到进一步升华，帮助学生有效理解与记忆

课堂总结了"升失氧化，降得还原"的口诀，加深了印象，加快了学习速度和正确率。

2. 教师评价机制，最大限度地保护了学生的自尊心

在教学过程中需要保护学生的自尊心，针对学生提出的见解，首先需要给予肯定，鼓励学生积极作答，激发学生的求知心理，充分挖掘学生潜能，尽可能调动他们的主观能动性。唯有如此，才可以获得比较理想的教学效果。

（四）学生创新

（1）学生设计原电池实验、制作PPT，并展开科学严谨的实验，验证氧化还原反应的本质，在此期间本节课对教学深度进行了科学有效的控制，彰显了该类反应的本质，也并未延伸出复杂的原电池原理。

（2）小组展示生产生活中氧化还原反应的应用时，能从不同的角度举例并说明原理，讲解落落大方，表现特别精彩，超出了我的预期。

（五）再教设计

（1）让更多的学生展示氧化还原反应在日常生活中的运用。引导学生举例说明，培养学生善于观察和发现的眼光，让学生将生活与学习紧密联系在一起，学生在感受到化学学科学习的实用性之后，会更主动地去感受日常生活的氧化还原反应。在课堂上，通过对反应原理的分析，使每位学生都能掌握氧化还原反应中的基本概念，达到三维目标的融合。

（2）增加生生评价，纠错提高。通过能力要求逐步提升练习，尽可能提高学生对氧化还原反应的认知程度，帮助学生在多样化问题情境中对该类反应展开分析，尤其是培养学生挖掘有效信息、找出内在联系、科学严谨地回答问题的能力。

有限制条件同分异构体的书写及数目判断教学设计

——新课标理念下的问题情境化学课堂教学研究

惠州市实验中学　陈淳

一、教学内容

一是依据《普通高中化学课程标准（2017版）》学业要求"能辨识同分异构现象，能写出符合特定条件的同分异构体"。

二是依据《普通高中化学课程标准（2017版）》模块3"有机化学基础"的内容要求："认识有机化合物的分子结构决定于原子间的连接顺序、成键方式和空间排布，认识有机化合物存在构造异构的同分异构现象"。

三是依据《普通高中化学课程标准（2017版）》学业水平质量描述："能说明物质的组成、官能团和微粒间的作用力的差异对物质性质的影响。"

先以"2021年、2022年新高考广东21题节选"创设情境，发现有限制条件同分异构体的考查方式；引入第一个学习任务"小结必备有机知识"。

接着通过"互动解疑"环节的三道历年高考真题、例题，由易到难，层层突破，使学生重新审视自己的陈述性知识结构的完整程度。通过师生互动、生生互动，群策群力整理出完整的体系，帮助每一位学生进行思维建模。

最后，设置内化迁移：小组合作，试一试命题，让整节课进一步升华。

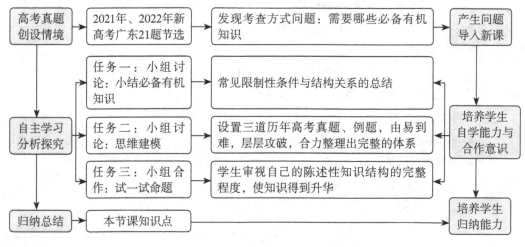

图3-2-5

二、教材分析

《普通高中化学课程标准（2017年版）》对有机化合物的分子结构的学业要求是："能辨识同分异构现象，能写出符合特定条件的同分异构体，能举例说明立体异构现象。"纵观历年真题，我们可以发现：有限制条件同分异构体的书写及数目判断是命题热点、高频考点。

查阅中国基础教育期刊全文数据库（CNKI）的来源发现，关于"新课标理念下的化学课堂教学"的研究主要集中在对其的思考、反思、教学模式探索、提高课堂效率等宏观指导方面。从2007年到2022年只有10条相关结果，没有新课标理念下的问题情境的成熟教学模式可供借鉴。

而且，对"同分异构体"教学的研究主要集中在问题解决差异性、难点成因、教学策略、解读与应用、考点剖析与复习策略等。这些都属于知识归纳或技巧方法指导型的研究，而以"有限制条件同分异构体的书写及数目判断"课堂教学为例，开展新课标理念下的问题情境化学课堂教学的研究目前尚未发现。

三、学情分析

高三学生已经有了高一、高二有机化学的学习基础，但是大部分学生遗忘了知识点，且同分异构体知识是历年学生的疑点难点。另外，高三化学一轮复习具有"内容多、节奏快"

的特点，据此，经过实践研究，笔者探索了新课标理念下的问题情境化学课堂教学的复习模式，思考解决三个问题：如何引入课堂？怎样创设问题情境层层递进剖析知识点？怎样使学生运用所学知识解决对有限制条件下同分异构体的书写问题和数量判断？

四、教学目标

（一）教学目标

宏观辨识与微观探析：能辨识同分异构现象。

变化观念与平衡思想：会分析常见限制条件与结构的关系。

证据推理与模型认知：知道有限制条件同分异构体的思维模型、解题步骤。

科学探究与创新意识：使学生了解从品一品真题，到动一动做题，最后试一试命题，学会构建思维模型。

科学态度与社会责任：通过认识同分异构体，使学生体会化学在生命、医药等领域有着广泛的研究和应用。

（二）评价目标

能写出符合特定条件的同分异构体。

（1）教学重、难点：思维建模。

（2）教法、学法。

教法：任务驱动式教学法。

第一个学习任务：小结必备有机知识。总结常见限制性条件与结构的关系，为解答真题提供知识支持。（小组讨论）

第二个学习任务：思维建模。选取三道历年高考真题、例题，由易到难，层层突破，师生合力整理出完整的体系。

第三个学习任务：试一试命题。学生审视自己的陈述性知识结构的完整程度，使知识得到升华。（小组讨论）

学法：有效提问，让学生深度思考。

以"互动解疑"得到问题的设置，将知识点细化加强，以连续追问的设置引导学生，提高学生学习的兴趣和参与度，前后问题紧密衔接。

让学生熟记必要工具，不断对学生进行引导性提问，引导学生进行思考，相信学生，突出学生的主体地位。对于有难度知识的学习是通过合作学习和探究教学完成的，培养了学生合作学习的能力，为后续学习从方法上到过程上都打下了坚实的基础。

五、教学过程

表3-2-7

展示目标、重难点	
教学过程	设计意图
【课程标准】 能写出符合特定条件的同分异构体。 【重难点】 思维建模	让学生知道本节课要学习什么、掌握哪些必备知识

创设情境	
教学过程	设计意图
【展示高考真题】 1. 2021年，新高考广东化学21题选考（5）：化合物Ⅵ的芳香族同分异构体中，同时满足如下条件的有_____种，写出其中任意一种的结构简式：_____。 条件： a. 能与$NaHCO_3$反应； b. 最多能与2倍物质的量的NaOH反应； c. 能与3倍物质的量的Na发生放出H_2的反应； d. 核磁共振氢谱确定分子中有6个化学环境相同的氢原子； e. 不含手性碳原子（手性碳原子是指连有4个不同的原子或原子团的饱和碳原子）。	学生品一品高考题。
2. 2022年，新高考广东化学21题选考（5）：化合物Ⅵ有多种同分异构体，其中含 >C—O 结构的有_____种，核磁共振氢谱图上只有一组峰的结构简式为_____。 【提问】综合以上真题，你发现什么？考点是什么？你认为需要哪些必备有机知识？	让学生发现高考考查方式及此类需要哪些必备有机知识

【任务一】小组讨论：小结必备有机知识	
教学过程	设计意图
【提问】请你说说需要哪些必备有机知识？ 【学生回答】 【PPT】1.不饱和度与结构关系 不饱和度与结构关系 → $\Omega=1$，1个双键或1个环 → $\Omega=2$，1个叁键或2个双键（或一个双键和一个环） → $\Omega=3$，3个双键或1个双键和1个叁键（或一个环和两个双键等） → $\Omega>4$，考虑可能含有苯环	学习、讨论、回答问题。

2.化学性质与结构关系。		熟记常见限制性条件与结构知识。

常见限制性条件	有机物分子中的官能团或结构特征
与Na反应	含-OH -COOH
与Na_2CO_3溶液反应	含酚-OH-COOH
与$NaHCO_3$溶液放出CO_2	含-COOH
与$FeCl_3$发生显色反应	含酚-OH
水解后的产物与$FeCl_3$溶液发生显色反应	含酚酚结构
能发生银镜反应	含-CHO
能发生水解反应	碳卤键、酯基、酚胺基
既能水解又能银镜反应	含HCOOR甲酸酯
能与NaOH溶液反应	含酚-OH、-COOH, -COO-、-X等

3.核磁共振氢谱与结构关系。

核磁共振氢谱与结构关系 → 确定有多少种不同化学环境的氢原子 → 判断分子的对称性	通过对必备有机知识的小结，为解答真题提供知识支持

4.熟记常见类别同分异构体数目

【任务二】小组讨论：思维建模

教学过程	设计意图

【互动解疑】小组合作：动一动做题
［真题1］（浙江高考）
 	
化合物CH_3O—〈 〉—CHO有多种同分异构体，写出符合下列条件的所有同分异构体的结构简式：
①能发生银镜反应；
②含苯环且苯环上只有两种不同化学环境的氢原子。
［真题2］（新课标全国）
 	
〈 〉$^{CHO}_{OH}$的同分异构体中含有苯环的还有_____种，其中既能发生银镜反应，又能发生水解反应的是（写结构简式）
能与饱和碳酸氢钠溶液反应放出CO_2的是（写结构简式）
［例题3］M的结构简式如图，它的同分异构体有多种，写出符合下列条件的一种同分异构体结构简式：_____。
①能与$FeCl_3$溶液发生显色反应
②能发生银镜反应
③核磁共振氢谱有4个峰
HO—〈 〉—CH—$COOH$
                 │
    H_3C—CH—CH_3
【任务二】小组讨论：思维建模。
【提问】你能否总结解决此类题的步骤？
	学生先独立思考，接着小组讨论，锻炼学生的交流能力
	
	师生互动、生生互动。
	
	题目由易到难，层层突破，合力整理出完整的体系。
	
	构建学生解答有限制同分异构体的化学思维。

【学生回答】	学生明确答题三步骤。
【PPT】	
1.找原型（不饱和度、碳原子数、氧原子数等）	
2.依条件构基团	学生检查本节课知识掌握情况，并呼应【创设情境】
3.分类别写异构	
【学以致用】2021年、2022年新高考广东21题节选。	
【学生】独立完成，并校对答案	

【任务三】小组合作：试一试命题	
【提问】请自行拟定有关限制条件，分别写出对应条件下，如下图有机物的同分异构体的结构简式，你能想出几种方案？	学生审视自己的陈述性知识结构的完整程度，使知识得到升华
CH_3——〇——$\overset{\overset{\displaystyle O}{\|}}{C}$——$OCH_3$	
【学生】小组合作讨论，并回答	

总结升华	
【提问】这节课，你有哪些收获？或你觉得该掌握什么内容？	PPT展示，系统梳理知识点。
【学生回答】	与学生一起归纳回忆，培养学生
【PPT】	及时归纳总结所学知识的方法和
1.熟记必备有机知识是解题工具。	自觉性。并落实本节重点内容
2.有限制性同分异构体解题三步走	

六、板书设计

有限制条件同分异构体的书写及数目判断。

（一）必需工具

（1）不饱和度与结构关系。

（2）化学性质与结构关系。

（3）核磁共振氢谱与结构关系。

（4）熟记常见类别同分异构体数目。

（二）思想建模

（1）找原型（不饱和度、碳原子数、氧原子数等）。

（2）依条件构基团。

（三）分类别写异构

七、教学反思

（一）教学亮点

以"2021年、2022年新高考广东21题节选"问题情境引入课堂。

课堂上，首先创设情境"2021年、2022年新高考广东21题"，发现有限制条件同分异构体的考查方式。这样就产生问题"需要哪些必备有机知识"，引入第一个学习任务。

以"动一动做题"进行思维建模。

有限制条件同分异构体的书写，笔者认为有以下的几个重难点，需要学生在实际自行解答问题中才能真正实现突破。这些重难点有：化学性质与结构的关系、不饱和度与结构的关系、核磁共振氢谱与结构的关系等。

笔者在此"互动解疑"环节，选取了三道历年高考真题、例题，题目由易到难，使学生重新审视自己的陈述性知识结构的完整程度。通过师生互动、生生互动，群策群力整理出完整的体系，帮助每一位学生进行思维建模。

（二）教学改进

课堂教学设计新颖巧妙，符合学生身心发展规律。

本节课的课堂流程可以概括为：①创设情境，呈现2021年、2022年新高考广东21题（节选）；②小组讨论，小结必备有机知识；③互动释疑，解答历年高考真题、例题；④思维建模，有限制条件同分异构体解题步骤；⑤学以致用，学生独立完成2021年、2022年新高考广东21题同分异构体书写；⑥内化迁移，小组合作尝试命题。六个环节过渡自然、衔接紧密、新颖巧妙，完全符合学生的身心发展规律。从课堂效果看，无论是教学目标还是教学内容，学生领悟效果都非常好。

（三）教学机智

采用任务驱动式教学法，环环相扣，课堂高效。

本节课设置了三个学习任务：一是小组讨论，小结必备有机知识，总结常见限制性条件与结构的关系，为解答真题提供知识支持；二是小组讨论，思维建模，以互动解疑环节，解答三道历年高考真题、例题，题目由易到难，通过师生互动、生生互动，师生合力整理出完整的体系；三是小组合作，试一试命题，学生审视自己的陈述性知识结构的完整程度，使知识得到升华，帮助每一位学生深化思维。课堂教学过程环环相扣，激发兴趣、产生渴望、促进追求，达到了吸引学生注意力、激发听课热情的目的，培养了学生"证据推理和模型认知"的核心素养。

（四）学生创新

体现教师主导、学生主体的教学理念。在整个教学过程中，采用探究性学习模式进行教学，让学生找原型（不饱和度、碳原子数、氧原子数等），依据限制条件构建基团，再分类别写同分异构体，培养了学生的思考能力、探究能力等，以个人和小组合作的方式，引导学生在练习中发现问题、分析问题并逐步通过合作交流来解决问题，教师是课堂教学活动的组织者和实施者，充分体现了新课程提倡的探究性学习和自主性学习的新理念。

（五）再教设计

笔者会把必备工具放在课前，让学生熟记、熟读；课中给小组分配好任务，把课堂完全交给学生；课后再检测落实。

<h1 align="center">核心素养下高三复习课</h1>

——"原电池的工作原理及应用"教学设计

惠州市华罗庚中学　徐琴

一、教材分析

高中电化学原电池的工作原理及应用是中学化学教学的重点和难点之一，这部分内容理论性强，与实际联系紧密，它既可以综合考查学生对学科内知识的掌握，也可以考查学生学科间知识的运用，还可以与生产生活实际、新科技及新技术等问题相联系，是高考考查的热点问题之一。原电池的学习要注意抓住电化学的实质——氧化还原反应与电路构成的特点，结合物理学的知识，从其工作原理上加以突破。课程标准中原电池考查的主要内容有：通过单液原电池和双液原电池装置的对比，强化原电池的工作原理及盐桥的作用；结合氧化还原反应原理和规律，正确书写电极反应和总反应方程式；通过对几种化学电源的介绍让学生感受原电池应用于生活、生产对于提高能源的利用率、新能源汽车的推广以及节能减排的重大意义。

二、学情分析

原电池工作原理的复习是电化学复习的开始，要求学生能弄懂电化学原理与氧化还原反应的关系。教学中学生对这部分知识的学习有畏难情绪，主要是由于原电池工作原理与电池的学习分在高一、高二两册课本中，学习知识的遗忘率高。因本节内容难度较大，不仅要进行旧知识的复习，还要使学生通过复习提高综合应用知识的能力，并增强学习的自信心。本节课根据学生学习情况，将教学重点放在使学生理解原电池工作原理上，预期使学生学会设计简单的盐桥原电池装置，根据氧化还原化学方程式能正确地判定原电池的正极和负极，通过电极反应方程式书写模型的构建，掌握由氧化还原化学方程式进行新型电池电极反应式的书写。

三、教学目标与核心素养

宏观辨析与微观探析：以铜锌原电池为例，从宏观和微观的角度分析，理解原电池的工作原理，能正确地判定原电池的正极和负极，会书写其电极反应方程式。

变化观念与平衡思想：认识原电池反应的本质是自发的氧化还原反应；认识从简单原电池发展到带有盐桥、离子交换膜的原电池的过程变化，并能理解带有盐桥原电池的使用且学会设计简单的盐桥原电池装置。

证据推理与模型认知：能利用典型的原电池装置，分析原电池工作原理，建立解答原电池问题的思维模型，并利用模型揭示原电池问题的本质及规律，通过电极反应方程式书写模型的构建，掌握由化学方程式进行新型电池电极反应式的书写。

科学精神与社会责任：具有可持续发展意识和绿色化学观念，能对与原电池有关的社会热点问题做出正确的价值判断与分析。

四、教学重难点

原电池的工作原理和双液盐桥电池的设计；新型原电池电极反应式和电池反应式的书写。

五、教学方法

采用多种方法如启发式、讨论式、参与式、探究式等。教学手段包括视频展示原电池发展历史、课堂单独提问、投影学生作业展示、学生上台书写方程式等。

学法：导学案引领自主学习法、探究学习法、合作学习法。

知识网络构建：

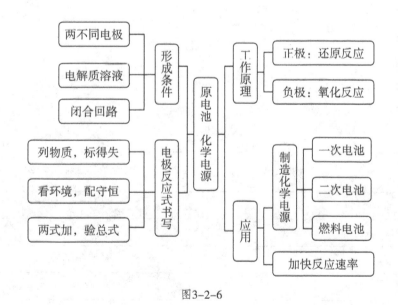

图3-2-6

六、教学过程

引入：用一段多媒体视频展示原电池的发展史。领悟科学家怎样从现象到本质，从原理到实用，从简单到复杂，不断创新的过程，引出今天的上课主题——原电池的工作原理及应用。

板书：原电池的工作原理及应用。

投影展示——感悟高考：

（2021年广东高考9）火星大气中含有大量CO_2，一种有CO_2参加反应的新型全固态电池有望为火星探测器供电。该电池以金属钠为负极，碳纳米管为正极，放电时（　　）。

A. 负极上发生还原反应

B. 将电能转化为化学能

C. 阳离子由正极移向负极

D. CO_2在正极上得电子

师：请你谈谈高考题中一般考查原电池的哪些知识点？

板书：一、原电池的概念和反应本质。

投影展示：

1. 利用$Zn+CuSO_4=ZnSO_4+Cu$，画出单液铜锌原电池和双液铜锌原电池的装置图，并分析两个原电池的工作原理？

单液铜锌原电池　　　　　　双液铜锌原电池（盐桥原电池）

电极名称	负极	正极
电极材料		
电极反应		
反应类型	反应	反应
电子方向	由极沿导线流向极	
电流方向	由极沿导线流向极	
离子移向 （内电路）	阳离子向极移动，阴离子向极移动； 盐桥含饱和KCl溶液，K^+移向（　　）极，Cl^-移向（　　）极	
装置区别	装置Ⅰ：还原剂Zn与氧化剂Cu^{2+}直接接触，易造成能量损耗，装置效率很低。 装置Ⅱ：还原剂在负极区，而氧化剂在正极区，能减少能量损失，电流稳定，且持续时间长	

生：以上空白处由学生回答。教师辅助讲评。

2. 构成条件

（1）两个金属活动性不同的电极（燃料电池的两个电极可以相同）。

（2）形成，须满足三个条件：a.存在电解质；b.两电极直接或间接接触；c.两电极插入电解质溶液或熔融电解质中。

（3）能自发进行的。

生：以上空白处由学生回答。

师：同学们鼓掌，表扬该同学！

3. 盐桥原电池的组成和作用

（1）半电池的构成条件：

电极金属和其对应的盐溶液。

一般不要任意替换成其他阳离子盐溶液，否则可能影响效果。

盐桥：装有饱和的KCl、KNO$_3$等溶液和琼胶制成的胶冻。

（2）盐桥的作用

①连接内电路，形成闭合回路；②平衡电荷，使原电池不断产生电流。

（3）双液原电池的优点：

a.减少能量损失；b.电流稳定，且持续时间长。

师：对以上相关的知识点进行讲解！

生：（思考与交流）如何设计盐桥原电池？

生：（2013年广东高考节选）根据Fe+ Cu^{2+} =Fe^{2+}+Cu，设计一个盐桥原电池。

师：原电池装置图常见失分点：

（1）不注明电极材料名称或元素符号。

（2）不画出电解质溶液（或画出但不标注）。

（3）误把盐桥画成导线。

（4）不能连成闭合回路。

师：从理论到实际应用，电池在生产生活中的应用是怎样的？

板书：二、生活中的化学电池

化学电池的分类

电池优劣的依据：

板书：a.一次电池

投影展示：

（1）碱性锌锰电池

总反应式：$Zn+2MnO_2+2H_2O=2MnOOH+Zn(OH)_2$

负极：

正极：

（2）锌银电池

总反应式：$Zn+Ag_2O+H_2O=Zn(OH)_2+2Ag$

负极：

正极：

生：小组讨论，请同学回答以上问题。

师：小结电极反应方程式书写模型。

板书：b.二次电池

投影展示：

（1）铅蓄电池

$$Pb(s)+PbO_2(s)+2H_2SO_4(aq) \underset{充电}{\overset{放电}{\rightleftharpoons}} 2PbSO_4(s)+2H_2O(l)$$

思考：①分别写出放电和充电过程中的电极反应式。

放电过程：

负极：

正极：

充电过程：

阴极：

阳极：

②放电时，电解质溶液中阴离子移向正极，电解质溶液的pH（填"增大""减小"或"不变"）。

③当向外提供0.5mol电子时，消耗硫酸的物质的量为_____。

④充电时将电池的负极与电源的_____极相连。

投影展示：

（2）锂电池

$Li—SOCl_2$（锂亚硫酰氯）电池可用于心脏起搏器。该电池的电极材料分别为锂和碳，电解液是$LiAlCl_4—SOCl_2$。电池的总反应式可表示为：$4Li+2SOCl_2=4LiCl+S+SO_2$。请回答下列问题：

①电池的负极材料为，发生的电极反应为_____。

②电池正极发生的电极反应为_____。

③组装该电池必须在无水、无氧的条件下进行，原因是_____。

④锂电池相对于其他金属电池，最大的优势在于什么？

生：小组讨论，请同学回答以上问题。

师：课堂小结（板书）

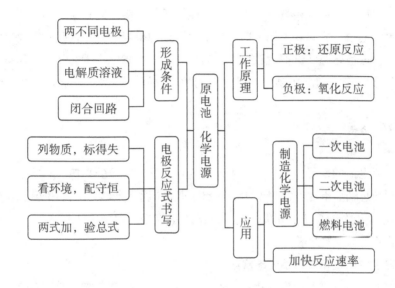

师：下面我们一起来对所学的知识进行练习一下！

投影展示：

课堂检测

总反应式是：$Cd+2NiO（OH）+2H_2O \rightleftharpoons 2Ni（OH）_2+Cd（OH）_2$

根据此反应判断：

（1）电池放电时，正、负极反应式分别为_____。

（2）电池的电解质溶液应为_____（填酸或碱）。

（3）电池充电时，阳极附近的pH（填升高、降低、不变）。

（4）电池放电时，OH^-向_____极移动。

课堂检测答案：（1）（—）$Cd-2e^- + 2OH^- = Cd（OH）_2$；（+）$2NiO（OH）+2e^-+2H_2O=2Ni（OH）^{2+}2OH^-$；（2）碱 （3）升高 （4）负

七、板书设计

原电池的工作原理及应用

原电池的概念和反应本质

$Zn+CuSO_4=ZnSO_4+Cu$

生活中的化学电池

　　a. 一次电池

　　b. 二次电池

　　c. 燃料电池

八、教学反思

　　本节课是一节高三化学一轮复习课，依据新课标和高考评价体系的认知要求来设计。教学内容适当，深度广度适宜；教学突出重点，能够抓住关键，对重难点如"原电池的工作原理、新型原电池电极反应式和电池反应式的书写"处理得当，针对性强；重视培养学生的学科素养，并能渗透情感态度价值观教育。作为一堂"广东省中小学名教师工作室送教下乡"公开课，获得了工作室和下乡学校领导老师们的一致好评。课后，笔者对这节课作了如下反思。

（一）教学亮点

1. 课堂导入新颖

　　首先以"原电池的发展史"视频引入，激发学生学习电池的兴趣。然后抛出高考真题，让学生自己归纳总结原电池在高考题中的考点。既传递了化学学科核心价值和命题的最新思想意图，又让学生学会了自主分析、归纳总结。不仅授之以鱼，更授之以渔，初步摆脱了"满堂灌"的落后课堂教学模式。

2. 教学方法多样化和教学手段丰富化

　　在教学上采用多种方法如启发式、讨论式、参与式、探究式等。教学手段包括视频展示原电池发展历史、课堂单独提问、投影学生作业展示、学生上台书写方程式等。学生活动面广，积极参与教学过程。

3. 注重培养学生化学学科核心素养

　　（1）以铜锌原电池为例，通过电子离子的移动，从宏观和微观的角度分析、理解原电池的工作原理，并能正确地判定原电池的正极和负极，学会书写其电极反应方程式等，培养学生"宏观辨识与微观探析"的学科核心素养。

　　（2）认识原电池反应的本质是自发的氧化还原反应；认识从简单原电池发展到带有盐桥、离子交换膜的原电池的过程变化，并能理解带有盐桥原电池的使用且学会设计简单的盐桥原电池装置，培养学生的"变化观念与平衡思想"和"证据推理与模型认知"的学科核心素养。

　　（3）具有可持续发展意识和绿色化学观念，能对与原电池有关的社会热点问题做出正确的价值判断与分析，培养学生的"科学精神与社会责任"的学科核心素养。

　　（4）通过回顾原电池的发展过程以及科学家们在新型电池上孜孜不倦地探索，领悟科学家怎样从现象到本质，从原理到实用，从简单到复杂，不断创新，将电池发展到今天。感悟科学家们的科学精神、科学素养、科学方法和科学成绩，培养学生"科学探究与创新意识"的学科素养。

（二）教学改进

这节原电池复习课最大的改进之处在于教学过程中有两次建模。一是能利用典型的原电池装置，分析原电池原理，建立解答原电池问题的思维模型，并利用模型揭示其本质及规律；二是通过电极反应方程式书写模型的构建，掌握新型电池由化学方程式进行电极反应式的书写。通过建模，使学生深入理解重难点内容，形成自己的知识体系架构，极大地提高了学生的学习效率。

（三）教学机智

高三化学一轮复习要求以课本为基础，落实"双基"，构建学科知识结构。课前，我设计了导学案，将所学知识点设计成填空和图表等，并以作业的形式布置下去。学生依照课本可以自行回顾和整理其内容，通过抽查作业，课堂提问等手段落实学习情况。通过学生的自主复习整理之后，课堂上笔者针对要点，拓展深度广度。这样既节省了时间，又解决了有限的课时与繁多的教学内容之间的矛盾，既保证了课堂的容量，又保证了教学的进度。整堂课学生精神饱满，注意力集中，专心听讲，积极思维，反应敏捷，发言踊跃，课堂气氛热烈且活跃。

（四）学生创新

在这节课中，笔者设计了多个学生互动环节。单液原电池的工作原理比较简单，通过学生课前预习导学案，课上投屏展示作业情况及让学生讲解来完成学习内容。双液原电池及膜电池、新型原电池电极反应式和电池反应式的书写等较难的内容，则通过巧妙设计题目引导学生思考；适时指路鼓励学生自主探究；围绕所学知识设计迁移题型，教给学生类比、猜想、验证的问题研究方法，培养学生善于动手、善于观察、善于思考的学习习惯。另外，在梳理知识脉络时，笔者会先让学生讨论，讨论结束后，学生自由站起来回答问题，使学生在自主探索和合作交流中理解和掌握本节课的内容。力求在整个学习的过程中师生之间、生生之间充满积极交流和互动，体现了教师是教学活动的组织者、引导者、合作者，学生才是学习的主体。

（五）再教设计

上完这堂课后，笔者也反思了这堂课的不足之处。在介绍一次电池"由普通锌锰干电池到碱性锌锰电池的发展是人类的科技进步的体现"，个人认为原因没有解释全面。另外，因这堂公开课是一堂送教下乡课，学生的素质比自己所任教学校的学生素质差一些，可能先总结电极反应式书写的一般方法和步骤，再让学生去写，效果会更好一点。当然，如果是任教学校的学生肯定是按照现在的教学设计"先让学生写，再总结，再迁移应用"效果更好，毕竟这节课是高三复习课。总之，教无定法，要以生而定，以情而定。

真实情境下的结构化教学

──物质氧化性、还原性的实验探究

惠州市华罗庚中学　洪文洁

一、教学分析

（一）教材分析

"物质氧化性、还原性的实验探究"是2023年创新设计高考总复习中第一章第三节的内容。前面学生已经全面复习了物质的分类、物质的转化、氧化还原反应的相关知识，而学生在高一必修2时也简单学过海水提溴的相关内容。氧化还原反应的理论基础作为贯穿多数重要元素及其化合物的重要理论基础，在化学实验题、化工流程题中都占据重要的地位，而作为章末复习提升，本节内容旨在通过利用方法导引的方式，引导学生理解以H_2O_2为例如何对陌生物质进行氧化性及还原性的探究实验，可以有效帮助学生建立宏观现象—微观探析—问题解决思路，培养学生的科学态度观及社会责任。

（二）学生分析、教学内容分析

新高考的模式下，无情境不命题的模式已经成为当下的趋势，在题目信息中，学生如何通过阅读信息提取关键知识并运用所学知识对问题进行综合性解答，已经成为当下学生必须掌握的一门技巧；而高三学生进入一轮复习后，在做题过程中也常反馈题目知识跨度大，读题困难，不知如何下手等问题，究其原因，学生在平时学习过程中没有养成良好的读题、提取关键信息的习惯，缺乏深度思考的能力；此外，因为化学知识相对分散，学生前期没有自主对知识体系进行融合建构，所以遇到问题时常找不到关键点。本节课内容是学生在复习完氧化还原反应相关基础知识后的知识提升，能够有效帮助学生建构知识体系，帮助学生建立起研究物质性质的一般方法；再通过与海水资源利用中的海水提溴进行知识的结构化处理，让学生实现思路的细化，将方向性转化为可行性，从而提高学生的系统思维能力。

本节内容在课程标准中有如下要求：

（1）认识有化合价变化的反应是氧化还原反应，并知道常见氧化剂和还原剂。

（2）了解以海水资源的开发利用为例，建立依据物质性质及其变化综合利用资源的方法。

学业水平方面的要求有：

（1）能从元素价态角度，依据氧化还原反应原理，预测物质的化学性质和变化，设计实验进行初步验证，并能分析、解释有关实验现象。

（2）能从化学角度分析从资源到产品的转化途径，能对资源的开发利用和能源的使用方案进行评价。

基于以上事实及要求，本节课主要通过问题设问、实验验证的方法解决探究物质氧化性、还原性的思路并建立模板；再通过构建知识体系，帮助学生明确工业制备物质的思考方向，明确制备物质的一般方法和思路。

二、教学目标

（1）通过阅读材料、问题设置帮助学生提取材料信息中的关键内容，提高学生的读题能力。

（2）通过信息提取、知识回顾帮助学生建立物质探究实验的一般思路与模型，为后续学习提供知识模板。

（3）对海水提溴的知识进行整合，让学生学会用建立的模型理解海水的资源利用的相关知识。

三、教学重难点

教学重点：建立物质氧化性还原性探究实验的模型。

教学难点：学生运用所学模型迁移应用，对海水提溴等知识进行知识整合。

四、教法、学法

教法：实验法、探究学习法、小组合作学习法。

学法：合作学习法、探究学习法、观察法、实验法。

五、教学流程

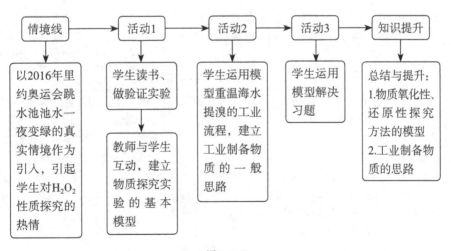

图 3-2-7

六、教学过程

表3-2-8

时间	教师活动	学生活动	设计意图
	环节一：情境导入，明确学习方向		
2min	①明确本节课的目标要求。 ②情境介绍。 2016年里约奥运会跳水池池水一夜变绿，与花样游泳池的池水形成鲜明对比。官方解释是由于倒入的消毒剂双氧水与原本的消毒剂次氯化物发生反应，导致消毒失败，造成藻类生长，从而使池水变绿	①读目标，明确学习方向。 ②聆听	①让学生明确本节课学习的方向，使学生知道要学什么。 ②引发学生的兴趣：简单的物质怎么在生活中会有这么大的影响
	环节二：师生合作，提炼思维模型		
18min	①读书本资料，提取观点。 ②设置问题，带领学生总结，提炼出思维模型。 问题设置如下： 如何判断物质的氧化性或还原性，具体从哪些方面入手？ 为什么要从O的化合价入手判断而不是从H入手呢？ 如何证明物质具有氧化性或者还原性呢？ 去哪里找适合的试剂呢？如何判断它们能否反应呢？ ③学生小组实验。 准备好实验药品，学生小组内分工合作。 实验药品准备如下： 3%的H_2O_2、酸性高锰酸钾溶液、稀硝酸、氯化铁溶液、亚硫酸钠溶液、碘化钾淀粉、氯化亚铁溶液。 ④学生就实验现象、原理进行相应的解释	①学生读书，找关键词。 ②学生思考并回答相应的问题，做相应的笔记。 ③学生小组合作，2人做实验、2人登记现象、2人写出相应的方程式	①让学生养成读题抓关键词的习惯。 ②通过递进式的问题，带领学生深化理解资料中的信息，将所学知识与资料信息进行融合，实现知识迁移，并建立起解题模板，便于学生后续处理相似问题。 ③、④通过动手实验验证资料或自己的想法，养成正确的科学态度，培养动手能力，强化团队意识
	环节三：学以致用，实现知识结构化		
12min	通过问题设置的方式，引领学生重建工业制备物质的一般思路，实现知识间的结构化处理，对物质氧化性、还原性的知识进行升华。 具体问题设置如下： 工业上想要制备单质溴，原料会从哪里找呢？ 海水资源丰富，我们要如何实现溴离子到溴单质的转化呢？你会选择什么试剂呢？依据是什么？（实验验证过氧化氢是否能氧化溴离子） 如何将生成的单质溴从溶液中分离提纯出来呢？考虑一下如何除杂，并进一步提纯	小组讨论，代表交流发言，其他组补充	实现知识的迁移应用，让学生体会工业制备物质要考虑的主要层面，建立起一般制备思路，达到"授之以渔"的目的

时间	教师活动	学生活动	设计意图
	环节四：运用模型，检验教学效果		
5min	1.某化学小组欲探究铁及其化合物的氧化性和还原性。实验试剂：铁粉、$FeCl_3$溶液、$FeCl_2$溶液、氯水、锌片、铜片。 实验记录（按编号填写）： 实验结论：_____。 2.HNO_2是一种弱酸，且不稳定，易分解生成NO和NO_2；试回答下列问题： ①请从氧化还原角度，判断HNO_2可能具有的性质：_____。 ②人体正常的血红蛋白含有Fe^{2+}，若误食亚硝酸盐（如$NaNO_2$），则会导致人体中毒，请你用方程式解释原因_____。 ③请你在课后查阅相关试剂的氧化性、还原性大小关系，然后运用所学知识设计实验，并用相应的方程式表示_____。 3.高铁酸钾（K_2FeO_4）是一种新型、高效、多功能绿色水处理剂，氧化性比Cl_2、O_2、ClO_2、$KMnO_4$更强，请你运用所学知识简要说明K_2FeO_4作为水处理剂时所起的作用_____	小组讨论，代表交流发言	根据时间及学生的成绩选取2个题目检验学生课堂的学习情况
	环节五：知识总结，回扣情境		
3min	1.教师带领学生回顾本节课的主要内容，并做相应重点知识的板书。 2.回扣情境，利用所学解决情境中的问题，判断其解释的科学性	回答问题	建立知识体系，让学生再次体会到知识间的联系

实验记录表：

序号	实验内容	实验现象	离子方程式	实验结论
①	在$FeCl_2$溶液中滴入适量氯水	溶液由浅绿色变为棕黄色	①	Fe^{2+}具有还原性
②	在$FeCl_2$溶液中加入锌片	——	$Zn+Fe^{2+}=Zn^{2+}+Fe$	②
③	在$FeCl_3$溶液中加入足量铁粉	③	$Fe+Fe^{3+}=3Fe^{2+}$	Fe^{3+}具有氧化性
④	④	——	——	Fe^{3+}具有氧化性

七、板书设计

物质氧化性、还原性的实验探究方法

性质预测——是否有不稳定价态

↓

寻找试剂——找准试剂，并准确判断产物

↓

方案实施——现象是否明显？对环境是否友好？原料来源是否方便？

工业制备物质的思路

原料？以何种形式存在

↓

如何实现物质转化

↓

如何除杂、提纯

八、教学反思

新高考、新教材、新课标的"三新"环境下，教学改革、高考的方向均无法脱离课标及高考评价体系的指导。而新高考环境下，无情境不命题的模式也正式启动，学生如何从陌生的情境中获取关键信息也成为学生当下急需学习的技巧，需要我们从日常的课堂中不断渗透；另外高考题目的综合性，也要求学生拥有系统的知识体系，能够将零散的知识通过知识点间的共性进行结构化处理，形成系统性的知识，提升思维层次，并能在平时的学习中不断总结提升。

本人在中国基础教育期刊全文数据库（CNKI）中搜索"物质氧化性还原性实验探究"，均没有以H_2O_2的氧化性、还原性作为切入点进行设计的，而以"结构化教学"为主题检索，又再以"氧化性还原性"在结果中检索，只探索到一篇文献，说明本节课的教学思路具有一定的价值。具体设计思路及课后反思如下。

（一）从《普通高中化学课程标准（2017年版2020年修订）》出发，设计教学思路和步骤

Ⅰ宏观现象		Ⅱ微观本质		Ⅲ问题解决
化学科学实践 科学探究与创新意识 实验设计诊断实验探究水平	⇒	化学科学思维 证据推理与模型认知 宏观辨识与微观探析 发展知识关联结构化的水平 发展认识思路结构化的水平	⇒	化学科学价值 科学态度与社会责任 绿色设计方案的评价和选择（小组讨论交流活动表现）

图3-2-8

本节课通过让学生阅读材料，引导学生总结出探究物质氧化性、还原性的三个步骤，再通过递进式问题带领学生深度思考材料中的信息，从而构建氧化性、还原性探究性实验的思维模型，然后学以致用，引入工业制备单质溴这一环节，帮助学生建立化工流程的基本思维，将物质氧化性、还原性的性质应用到实际中，根据学生认知的发展性和阶段性特点，以学生的已有知识为基础呈现化学知识，带领学生从原料、物质转化、除杂及提纯等关键环节熟悉工业制备物质的一般思路，实现课程的结构化处理，促进学生在不同水平上的发展。整个课堂教学在密集的小组合作和思维碰撞中进行，在教师的循循善诱和激情评价中升华。教师带领学生进行科学探究，并从氧化还原反应的角度、氧化剂材料价格等因素设计探究方案，引导学生关注工业提溴的流程，加深学生对物质氧化性、还原性的理解，培养了学生科学探究与创新意识的化学学科核心素养。

（二）关注学情，从学生实际出发，落实化学学科核心素养

本节课以物质氧化性、还原性为链条，开展了一系列问题的讨论、实验，并以实验探究为主线，体现了新课标理念下的课堂教学特色。设计了氧化性、还原性由易到难的三道前测题目，应用包含16个问题的五点量表，开展"物质氧化性、还原性的实验探究"教学调查。在实验探究过程中，通过实验室常见药品的选择、学生动手实验的方式，培养学生善于合作、敢于质疑的精神，而从最终实验方案的选择上，则培养了学生的科学态度及社会责任，落实了化学核心素养的要求。本节课自始至终学生都表现出较浓的学习兴趣，积极性也很高，而且几乎每个学生都在动手练习，动脑思考，学习气氛异常浓厚，学生参与面广，建构了氧化还原反应的认知模型。

（三）关注学生动态，捕捉课堂闪光点

本节课在学生进行实验探究的过程中，本人细心观察学生实验的结果，与学生进行交流互动。在实验1中有学生做的高锰酸钾溶液与过氧化氢反应时溶液褪色，有的则发现有黑色固体产生，通过让学生自己回顾操作细节，总结得出实验结果与操作顺序、药品用量的关系，培养学生严谨求实的科学态度；在实验2中原先只是想让学生做过氧化氢与苦卤的反应实验，但后面由于课堂中绝大多数学生都认为酸性高锰酸钾是最好的选择，于是临时让学生进行实验验证自己的所想，结果出乎他们的预料，学生也产生很大的疑惑，再紧接着解释为什么选择氯气作为氧化剂就变得更加顺理成章。这个环节能够帮助学生突破固有的思维，培养学生科学的态度。

（四）课程探究味不够浓厚，如何有效进行探究性实验为后续思考的重点

本节课依据教材资料带领学生进行实验探究，因为资料内容已选择好相应的实验试剂，且实验条件有限，在课堂中也只提供了6种试剂供学生选择，探究味不够浓厚，更多的应该属于实验验证。但在实验过程中，学生发现往过氧化氢溶液中滴入酸性高锰酸钾后溶液褪色的同时，有黑色固体生成，并且是有的小组产生，有的小组只是单纯褪色，这个发现使学生产生了浓厚的兴趣，在课后我再引导学生从变量设计的角度去探讨为什么实验现象会有所不同，另外再引导学生设计实验验证黑色的固体到底是什么，也算是弥补了探究不足的遗憾。另外，本节课如果学生生源较好的话，我认为可以把前面构建氧化性、还原性探究实验模板

的时间交给学生，通过问题设问、学生自己讲解的方式构建知识体系，这样能够更好地体现学生的主体地位，真正落实素养为本的初衷。最后本节课学生实验、现象解释等环节花费时间长，所以没有在课堂中让学生进行迁移应用、检验所学知识，只能将习题作为课外练习，这也是一个遗憾点。

附：

学生调查问卷及各题平均分

项目	题目	非常同意	同意	一般	不同意	非常不同意
环节一	1.我知道化合价与物质氧化性还原性的关系					
	2.我知道探究氧化性、还原性的第一步关键是找出不稳定价态元素					
	3.我知道要熟记哪些常见氧化剂、还原剂及其对应产物					
	4.我知道探究氧化性、还原性的第二步关键在于找准反应试剂					
环节二	5.我明白工业制备新物质首先要找到原料并弄清楚物质存在形式					
	6.我明白原料与产物之间的转化需要考虑氧化还原反应相关规律					
	7.我能理解工业提溴时氧化剂为什么要选择氯气					
	8.我能理解工业提溴过程中分离提纯步骤的用意					
环节三	9.我理解物质氧化性、还原性的探究模板并能进行迁移运用					
	10.我能运用模板进行实验设计					
	11.我能运用氧化性还原性相应知识解决新的情境					
情感态度	12.我不知道这节课的重点在哪里					
	13.我听不懂这节课					
	14.通过此堂课的学习，毫无收获，浪费时间					

项目		题目	平均分
环节一	1	我知道化合价与物质氧化性还原性的关系	4.86
	2	我知道探究氧化性、还原性的第一步关键是找出不稳定价态元素	4.78
	3	我知道要熟记哪些常见氧化剂、还原剂及其对应产物	4.76
	4	我知道探究氧化性、还原性的第二步关键在于找准反应试剂	4.78

续　表

项目		题目	平均分
环节二	5	我明白工业制备新物质首要要找到原料并弄清楚物质存在形式	4.64
	6	我明白原料与产物之间的转化需要考虑氧化还原反应相关规律	4.74
	7	我能理解工业提溴时氧化剂为什么要选择氯气	4.90
	8	我能理解工业提溴过程中分离提纯步骤的用意	4.04
环节三	9	我理解物质氧化性还原性的探究模板并能进行迁移运用	4.76
	10	我能运用模板进行实验设计	4.50
	11	我能运用氧化性还原性相应知识解决新的情境	4.64
情感态度	12	我不知道这节课的重点在哪里	1.07
	13	我听不懂这节课	1.02
	14	通过此堂课的学习，毫无收获，浪费时间	1.00

本问卷采用李克特式五点量表计分法，选项包括：非常同意，同意，一般，不同意和非常不同意，分别记为5、4、3、2、1分。发放问卷42份，回收问卷42份，回收率100%。

学生课堂知识掌握情况分析：环节一为探究物质氧化性、还原性模板的建立。从环节一对应的4个题目和环节三第9题，我们看到学生的平均分为4.79分，说明学生对探究物质氧化性、还原性的基本程序已经有清晰的了解，能够运用实验和模型相结合的方式解决相应问题。环节二为知识迁移，将氧化还原反应的知识与物质的工业制备方法进行结构化处理，题目5~7的平均分为4.76分，可以看出学生通过前面模板的建立以及实验环节能够有效地将氧化还原反应的知识进行迁移，虽然在后面8、10、11题的平均分只有4.39分，但对比前测的题目3，学生仍有非常大的进步，说明本节课的教学有效。

12~14题通过反向设问，用于测试学生作答问卷的认真程度。得分很低，说明学生有认真审题、思考与作答，没有胡乱应付，证明此测试有效。

氧化性、还原性前测题目

1. 元素化合价发生变化是氧化还原反应的宏观表现，请你以此判断以下物质所具有的性质（氧化性或还原性），并写出你判断的依据。

（1）Cl_2 _____，依据_____

（2）$FeCl_3$_____，依据_____

（3）$FeSO_4$_____，依据_____

（4）Na_2SO_3_____，依据_____

（5）H_2O_2_____，依据_____

（6）$NaClO$_____，依据_____

（7）$KMnO_4$_____，依据_____

由此可得出的规律：_____

2. 氧化剂、还原剂是氧化还原反应中必不可少的反应物。请你默写出常见氧化剂和还原剂及其对应的产物。

（1）常见氧化剂：＿＿＿＿＿＿＿＿＿＿＿＿＿＿＿＿＿＿＿

对应产物：＿＿＿＿＿＿＿＿＿＿＿＿＿＿＿＿＿＿＿＿＿＿

（2）常见还原剂：＿＿＿＿＿＿＿＿＿＿＿＿＿＿＿＿＿＿＿

对应产物：＿＿＿＿＿＿＿＿＿＿＿＿＿＿＿＿＿＿＿＿＿＿

3. 氧化剂具有氧化性，还原剂具有还原性。若想证明某物质具有氧化性，你会采取什么方法？请你以双氧水（H_2O_2）为例，回答以下问题：

（1）找什么类型的物质与其反应？

（2）如何初步判断二者能反应？

（3）有何明显现象证明二者反应？

基于实验情境的金属单质性质的教学

——以"铁单质的性质"教学为例

惠州市华罗庚中学　李超

一、教学分析

（一）教材分析

"铁单质的性质"是新课标要求下的"金属及其化合物"的内容，属于新人教版教材必修一中的第三章第一节"铁及其化合物"第一课时。本节课的知识是第二章钠元素以及氯元素的主族元素性质探究的延续，是对"离子反应"和"氧化还原反应"两大理论的进一步应用学习。新教材相比旧教材更具有系统性、整体性，更能促进学生形成物质研究的基本思路。

（二）学情分析

学生在初中化学的学习中，已经简单学习了单质铁的化学性质，知道铁是一种典型的金属，了解铁与氧气、酸以及硫酸铜的反应，已经建立了简单的金属化学性质的概念。通过高中化学的学习，学生也知道了活泼金属钠的化学性质。作为对比，教材通过对铁及其化合物的学习，帮助学生建立更加清晰的金属化学性质的概念，结合第一章所学的"氧化还原反应"理论，为后面元素周期律的学习打下坚实的基础。

（三）教学重点与难点分析

1. 教学重点

学习并掌握铁单质的性质。

2. 教学难点

（1）从氧化还原反应的角度了解铁单质的化学性质；

（2）铁单质相关实验的创新。

二、教学目标

（一）证据推理与模型认知

通过草酸亚铁的创新实验，结合氧化还原理论分析铁单质的还原性强弱，让学生思考单质铁还能与哪一些氧化剂进行反应。建立证据意识，能基于证据对物质组成、结构及其变化提出可能的假设，并能通过分析推理加以证实。

（二）科学探究与创新意识

通过类比单质钠与水的反应预测铁与水蒸气的反应，并利用实验进行验证，培养学生探究问题的一般步骤：提出问题→猜想与假设→设计实验→进行实验→得出结论。

（三）科学精神与社会责任

通过对于铁及其化合物性质的研究，激发学生的求知欲望和学习兴趣；培养学生认真细致和严谨求实的科学精神。通过对铁及其化合物在日常生活中的用途的学习，理解并掌握化学知识在社会生活中的重要作用。

三、教学方法和手段

（1）通过设置思考题，引导学生完成铁单质性质的学习，并在此基础上进行实际应用。

（2）通过建构、应用、改进物质性质研究模型，完善金属及其化合物性质的研究思路，使知识条理化。

（3）通过信息技术手段，化微成宏，更直观地展示实验现象，使知识传播更有效。

（4）通过实验成果的数字化展示，让学生更深入地参与课堂，以集体的力量发现、解决问题。

（5）通过情境与知识的融合，使知识更具真实性、实用性，有助于激发学生的学科学习兴趣。

四、教学设计思路

表3-2-9

知识线	铁单质的性质预测	铁单质的性质验证	铁单质的性质应用	铁单质的性质巩固
素养线	证据推理与 模型认知	证据推理与 模型认知 宏观辨识与 微观探析	科学探究与 创新意识 科学态度与 社会责任	变化观念与 平衡思想
能力线	知识应用、归纳能力	实验操作、分析能力	实验设计能力	知识迁移能力

五、教学内容、过程

表3-2-10

课堂环节	学习内容	学生学习任务和活动	教师教学组织与引导	设计意图	复盘反思
（一）课程导入（科学态度社会责任）	"铁石心肠"的显色实验	观察演示实验，思考反应原理。提供食品脱氧剂，进行实验操作，得到类似的实验现象。	用铁单质的演示实验引入，引发学生的思考。提供脱氧剂（铁粉），指导学生进行实验，同时思考加入的每一种试剂的作用和发生的反应	联系生活，为拉近知识与生活场景做铺垫。脱氧剂的引入为后面的性质应用做铺垫	本部分需要再具体到每一步的化学反应，否则学生无法理解

课堂环节	学习内容	学生学习任务和活动	教师教学组织与引导	设计意图	复盘反思
（二）模型认知	研究金属及其化合物的思路	类比钠及其化合物的学习过程，总结金属及其化合物之间的逻辑联系，开始铁单质性质的研究	提出思考题【思考1】关于钠及其化合物我们学习了哪些物质？【思考2】钠单质的性质你还记得多少	引入铁单质的学习	可以选择性地简化回忆钠的相关知识点，讨论钠及其化合物的逻辑线梳理

课堂环节	学习内容	学生学习任务和活动	教师教学组织与引导	设计意图	复盘反思
（三）性质猜想（证据推理）	预测铁单质化学性质	1.归纳物质性质研究的基本步骤。2.总结铁单质的性质，找出能与铁单质反应的试剂	1.引导回答物质性质研究的基本步骤。2.引导总结铁单质性质	建构模型、应用模型，通过理论证据进行铁单质性质的归纳、预测	平时不仅要给学生总结模型，还要在模型建构后，加强对模型的应用，促进学生的理解，同时

续 表

课堂环节	学习内容	学生学习任务和活动	教师教学组织与引导	设计意图	复盘反思
					可以培养学生自己建模的能力，并在发现问题时，能对模型进行改善
（四）实验验证（证据推理与模型认知）	实验验证铁单质的还原性	1.填写导学案表格。 2.完成改进实验	1.实验操作提醒。 2.帮助学生分析加热后的草酸亚铁的成分，结合氧化还原理论中的双线桥分析化合价变	强调实验操作规范，通过发现问题，改进实验方案，完善改进模型，用实验证据验证前面的预测	应设置相应问题，通过问题引导，促进学生思考，给予学生更多的展示机会
（五）特征实验（宏观辨识与微观探析）	铁单质的自燃实验	1.观察实验现象，得出生成的铁单质即铁粉，若是粒径够细，则可发生自燃现象。 2.体会铁单质的强还原性，考虑能与其反应的氧化剂	1.演示实验，提示加热装置要注意的地方。 2.解释实验现象。 3.引导学生解释铁的自燃现象	让学生通过创新实验中特殊的实验现象，对铁的还原性有了一个更直观、更深刻的认知体验。结合第一章的氧化还原理论，则可轻易联系到氧化剂与还原剂的关系，温故知新。同时也为铁单质的性质总结做铺垫	在提问时，可以提示学生结合本节课学习到的模型，对铁单质的性质进行总结，同时也是对学生课堂学习效果的评价

华罗庚中学 为学生的一生发展服务

(1)铁与非金属单质、酸、盐溶液的反应

①铁与氧气反应的化学方程式： $3Fe+2O_2 \xrightarrow{\text{点燃}} Fe_3O_4$

铁与氯气反应的化学方程式： $2Fe+3Cl_2 \xrightarrow{\text{点燃}} 2FeCl_3$

铁与硫单质反应的化学方程式： $Fe+S \xrightarrow{\triangle} FeS$

②铁与盐酸反应的离子方程式： $Fe+2H^+ = Fe^{2+}+H_2\uparrow$

③铁与硫酸铜溶液反应的离子方程式： $Fe+Cu^{2+} = Fe^{2+}+Cu$

铁与水能反应吗？

续 表

课堂环节	学习内容	学生学习任务和活动	教师教学组织与引导	设计意图	复盘反思
（六）流程设计（科学探究与创新意识）	验证铁单质是否能与水反应	1.做出猜想。 2.设计检验方案。 3.实验检验、分享。 4.性质迁移应用。 5.完整总结铁的性质	1.引导实验设计，反思实验原理。 2.点评实验。 3.引导归纳总结	培养学生的科学探究意识，形成科学、规范的化学实验设计思维	基础较薄弱的班级，可以先让学生课前预习，先完成实验设计，在本节课的基础上，对设计方案再进行改进

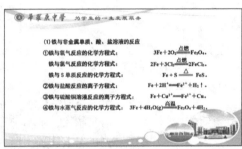

课堂环节	学习内容	学生学习任务和活动	教师教学组织与引导	设计意图	复盘反思
（七）巩固提升	铁及其化合物的性质归纳	1.用思维导图的形式来总结铁单质的化学性质。 2.填写相应转化关系中所需要的氧化剂或还原剂。 3.书写离子方程式（课后作业）	1.引导学生从化合价的角度思考； 2.布置课后作业	巩固本节课学到的知识，复习前期学习过的离子方程式	应该围绕铁单质的性质检验进行选题、评价，更具针对性

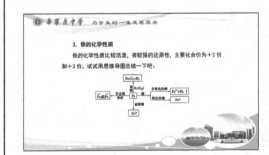

六、板书设计

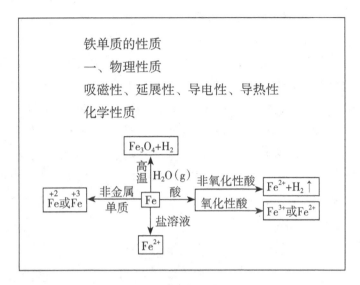

七、教学反思

铁元素在社会生产与生活中具有重要的作用，也因为其单质状态的特点，常常作为形容词或者出现在文艺作品中。本节课以成语"铁石心肠"引入，结合高中班主任的角色特点，用铁单质的一个显色实验来将铁单质的性质体现得淋漓尽致，引起学生的强烈共鸣；将具体而真实的情境作为载体，更深入地讨论铁单质的性质，并加以应用，有利于加深学生对本节课需要达成目标的认识和思考，体现化学与生活的联系。

信息技术与课程，追求内在融合，而显以形。随着时代的变迁，信息技术也是在不断地变化更新，21世纪凸显了互联网的优势，"互联网+"依然是热门话题，但由于教育本身的特点，教学媒介的融入是需要时间以及论证的，不能一蹴而就，在简单知道教学媒介的基础上，要真正发挥其作用，需要对两者有深层次的理解，追求本质上的联系。如希沃白板中有许多新的集成的技术，在形式上能极大吸引学生的注意力，但仅仅吸引并不是我们最终的目标，而需要在这个过程中，融入学科素养，如利用希沃一体机的直播投屏功能，直观地把实验呈现给学生，较好地解决以往后面学生难以观察、实验体验差的问题，同时让学生参与其中，极大地吸引学生的注意力，通过学生的直接感知，使得化学学科中的"变化观念"得以凸显，其中既包含信息技术，又体现、融合了化学学科的特点。

新教材、新比较、新思考，通过新旧编排方式的比较，逐渐能了解编排者的意图，如一些图例的更新，更能反应物质间的转化关系，而这一切在比较中能凸显出来。因此，在备课中比较新旧教材，对往后的教学还是有导向的作用。而实现学生学科素养、关键能力的培养还需要作更深层次的思考，在课堂注重与学生互动，设置进阶性的问题对学生进行引导。

以"班主任的角色状态"作为情境载体，引入铁单质的性质学习，再通过以学生已建立的研究物质性质模型，将观察物质的物理性质、预测物质的化学性质（物质种类、化合价、特性）、实验及观察、结论与解析作为本节课的学习主线，对模型进行建模、使用和改进，脉络清晰。课中演示实验、小组实验等活动，结合希沃白板、拍照点评以及直播展示的信息技术，能促进学生对铁单质性质的理解和掌握，并进一步将上述归纳得到的性质迁移至铁单质与水的创新实验中，教学评相结合，但整体知识内容容量较大，需要适当调整。

　　教学中要体现学生的主体性。在本节铁单质的课程中，涉及了较多的内容，如果单纯进行知识罗列，则基础较差的同学理解难度较大；将不同化学实验与总结相结合，能在一定程度上引起学生的学习兴趣。此外，为保证学习质量，在每个实验中，都需要学生进行实验记录与思考，通过"一做一讲"，及时将实验现象与实验结论联系起来，加深学生印象，并让学生进行描述、分析，提高学生的参与度与理解。课堂教学中也发现了存在的一些问题。在小组合作探究实验中，是采用开放性探究实验，学生还是比较缺乏实验设计和操作能力。设计实验过程中，如果能多给学生一些引导，那么学生在实操过程中，会减少很多失误。希望在之后的探究课程中这一缺陷能有改善。

成果篇

广东省黄进添名教师工作室
研究成果和活动纪实

第一节　学习探索情境

基于化学史料情境和实验探究情境的教学

——以"苯酚"为例

广东省惠州市华罗庚中学　黄进添

一、教学主题内容与教学现状分析

"苯酚"属于人教版化学选择性必修三第三章第二节"醇酚"第2课时内容。

在以往的教学实例中，曾繁继提出如何基于三维目标科学地选取生活素材，在有关苯酚的实际问题解决中培养模型认知能力，提出了关键教学策略，为有机物性质教学解决在生活实践中遇到的问题提供了方法与范例；李春燕、李发顺以生活用品为实例，以苯酚药膏的说明书引入，指引学生从说明书上的有关内容预测苯酚的化学性质并开展实验探究，培养学生接受化学信息的能力、分析解决问题能力、创新精神和实践能力。本节课的教学吸收以上教学实例的优点，同时关联对比苯酚和乙醇的结构、性质，帮助学生建立对酚类和醇类等烃的衍生物结构、性质的模型认知。

二、教学思想与创新点

新课标指出，真实、具体的问题情境是学生化学学科核心素养形成和发展的重要平台，为学生化学学科核心素养提供了真实的表现机会。因此，教师在教学中应重视创设真实且富有价值的问题情境，促进学生化学学科核心素养的形成和发展。

本节课以化学史料素材创设问题情境，引导学生通过实验探究苯酚的物理和化学性质，探寻化学的本质，针对醇和酚的羟基连接的碳原子不同，产生性质的不同，形成有机物结构、性质的模型认知。

三、教学目标

（1）通过水溶性实验探究理解苯酚的主要物理性质。

（2）通过与碱液、浓溴水、氯化铁溶液反应实验研究掌握苯酚的结构特点和重要化学性质。

（3）通过模型拼插观察活动感知苯酚结构中羟基与苯环的相互影响，熟练掌握苯酚和乙醇结构及化学性质，建构有机物的结构决定性质、性质决定用途的模型认知。

（4）通过创设化学史料问题情境，了解苯酚在生产生活中的用途。

四、教学流程

教学流程见表4-1-1。

表4-1-1

教学环节	教师教学行为	学生学习活动	设计意图
环节1 利斯特发现苯酚可用于外科消毒	（1）播放视频：利斯特如何发现苯酚用于消毒。 （2）展示上海药皂：主要成分是什么	（1）观看视频。 （2）思考问题：苯酚用于消毒跟什么性质有关	让学生建立酚类物质广泛应用于生产生活的思想，激发学生的学习欲望
环节2 怎样理解苯酚的结构	（1）展示苯酚的球棍模型、比例模型。 （2）表述酚类的概念	（1）酚和醇有何不同？ （2）苯酚所有原子一定共平面吗	让学生建立醇类、酚类物质的结构认知模型
环节3 如何解释苯酚的物理性质	（1）展示苯酚样品。 （2）提供实验试剂	（1）观察描述苯酚的物理性质。 （2）水溶性探究实验	让学生形成通过探究实验得出结论的学习方法
环节4 如何解释苯酚的化学性质	（1）呈现苯酚软膏说明书，提出问题。 （2）播放苯酚溴代反应视频，关联乙醇苯酚结构和性质。 （3）播放苯酚的显色反应视频	（1）探究实验：苯酚滴入石蕊试液、NaOH溶液，小组讨论。 （2）实验探究：苯酚与饱和溴水的反应，小组讨论酚羟基对苯环的影响。 （3）验证实验：苯酚遇$FeCl_3$溶液显紫色	介绍苯酚的化学性质和用途，让学生感悟"结构决定性质，性质决定用途"的观念，构建苯酚性质的模型认知
环节5 苯酚的用途与危害	播放苯酚用途的视频，提出废水中含苯酚对环境危害问题	（1）描述苯酚的用途。 （2）怎样防止苯酚的污染	了解苯酚的用途和危害，培养学生的科学精神和社会责任
环节6 课堂小结和练习	提出问题：如何从苯酚的乙醇溶液中回收苯酚	（1）小结苯酚化学性质。 （2）完成练习	让学生从不同角度探究有关苯酚和乙醇的性质

五、教学实录

（一）引入教学，建立研究视角

在19世纪，有一位名叫JosepH Lister的英国外科医生，他发现很多患者手术后死于伤口化脓、感染，这是什么原因造成的呢？经反复查找，原来是患者的伤口没有消毒。

教师：播放自制视频。JosepH Lister留意到在化工厂附近的污水沟里，污水非常清澈透明，浮在水面上的草长势茂盛很少腐烂。为什么会出现这种情况呢？利斯特发现从化工厂流出的苯酚混杂在沟水里，使草根很少腐烂。利斯特感悟到是苯酚在起作用。从此他把苯酚用于外科消毒。利斯特被称为外科消毒之父。医院常用的"来苏水"消毒剂是苯酚钠的稀溶液。

展示上海药皂、苯酚软膏，提问学生：上海药皂的主要成分是什么？引入新课。

（二）苯酚的结构

教师：醇是羟基与饱和碳原子相连的化合物。下列物质（图4-1-1）中哪个属于醇类？

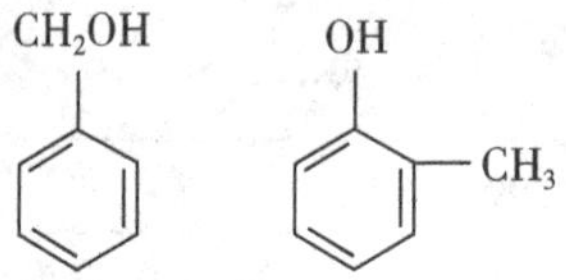

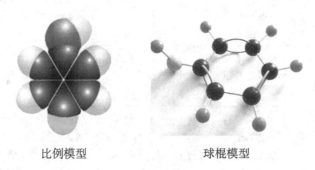

图4-1-1

概念：酚是羟基与苯环直接相连的化合物。最简单的酚是苯酚。

学生活动——思考：苯酚（图4-1-2）所有原子一定共平面吗？

比例模型　　　　　　　　球棍模型

图4-1-2

从球棍模型可以看出，羟基氢不一定在苯环的平面上。

（三）苯酚的物理性质

教师：展示苯酚样品。师生共同描述苯酚的颜色、状态、气味：纯净的苯酚是无色、有特殊气味的晶体。同学们仔细观察，久置的苯酚呈粉红色，这是因为苯酚容易被空气中的氧气氧化而呈粉红色。那么，苯酚怎样保存呢？

学生：苯酚密封保存，以隔绝空气。

学生活动——实验探究：将苯酚溶于冷水，然后给苯酚的水溶液加热。

学生描述实验现象：苯酚加冷水变混浊，加热又变澄清，这是因为升高温度苯酚溶解度增大，停止加热冷却，溶液又变混浊，这是其溶解度下降所致。说明苯酚微溶于冷水，易溶于热水。

（四）苯酚的化学性质

1. 酸性

教师活动——展示苯酚药膏的说明书（部分）。

PPT展示：

> 【药物相互作用】
> 不能与碱性药物并用
> 【药理】
> 本品为消毒防腐剂，其作用机制是使细菌的蛋白质发生凝固和变性

学生活动——猜想：苯酚可能显酸性。设计实验，验证猜想。

表4-1-2

课本62页实验3~4内容	实验现象
（1）将蒸馏水滴入盛有苯酚的试管中，振荡试管，滴入石蕊试液	溶液变混浊，石蕊试液不变红
（2）将NaOH溶液逐滴滴入盛有苯酚的试管中，振荡试管	溶液变澄清
（3）再向步骤（2）的试管中加入稀盐酸	溶液重新变混浊

学生归纳总结得出结论：苯酚能与NaOH溶液反应，说明苯酚显酸性；但苯酚不能使石蕊指示剂变红色，说明苯酚是一种弱酸。

教师：苯酚是一种弱酸，设计实验比较苯酚和碳酸酸性的强弱。

学生活动——小组讨论后，学生认为，因为加水后未溶解的苯酚呈液态，所以苯酚加水形成的是乳浊液。学生设计形成了以下实验方案（填写空白）。

表4-1-3

实验内容	实验现象
（1）向盛有苯酚钠澄清溶液的试管中通入（吹入）二氧化碳	
（2）向一支试管中加入苯酚晶体3克，加入6ml水，振荡，然后滴入Na_2CO_3溶液	
（2）向另一支试管中加入苯酚晶体3克，加入6ml水，振荡，然后滴入$NaHCO_3$溶液	加水变混浊，滴入$NaHCO_3$溶液后无明显变化

教师：从上述实验现象可以得出什么结论呢？

学生活动——学生归纳总结得出：苯酚钠溶液能与碳酸反应生成苯酚，使溶液变混浊，说明苯酚的酸性比碳酸还要弱。

苯酚能与Na_2CO_3溶液反应生成苯酚钠，使溶液变澄清。但苯酚不与$NaHCO_3$反应，说明苯酚的酸性比碳酸弱，但比碳酸氢根强，即碳酸>苯酚>碳酸氢根。

2. 取代反应

教师：苯酚显酸性而乙醇不显酸性，说明了什么？说明苯环影响了酚羟基，使得酚羟基中的氢原子变得比醇羟基的氢活泼。那么，羟基会影响苯环吗？

学生活动——实验探究：苯酚与溴水（饱和）的取代反应。

向试管里加入少量苯酚稀溶液，然后逐滴加入饱和溴水，边加边振荡，观察实验现象。

学生描述实验现象：生成白色沉淀。学生得出结论：沉淀物是2，4，6－三溴苯酚。

教师：注意一定要用饱和溴水，并且溴水必须过量。因为三溴苯酚溶于过量的苯酚，溴水如果不足量，苯酚有剩余就看不到白色沉淀的生成。

反应分析：苯与浓溴水不发生反应，但苯酚与浓溴水却能发生苯环上的取代反应，说明酚羟基的存在影响了苯环，苯环上的氢原子变得活泼了。和甲苯与浓硝酸的反应相似，苯酚苯环上羟基的邻、对位氢原子容易被溴取代。

教师活动——请仔细观察乙醇和苯酚模型，比较它们结构和性质上的不同，思考两个问题：

问题1：乙醇和苯酚的羟基连接的烃基有何不同？

问题2：乙醇和苯酚分别跟钠、氢氧化钠、浓溴水混合，现象有何不同？请说明原因。

学生活动——小组深入讨论。得出如下结论：乙醇与苯酚在结构上都含羟基，但苯酚的羟基直接连在苯环上，乙醇的羟基连在烃基上，由于连接的烃基不同，相互影响造成性质差异。

苯酚的羟基，由于受苯环影响，其活泼性比乙醇更强，因而苯酚显酸性而乙醇为中性，苯酚与钠、氢氧化钠反应，乙醇不与钠、氢氧化钠反应。

同时，苯环也受到酚羟基的影响，苯环上邻、对位的氢原子活泼性增强容易被溴取代，苯酚与浓溴水反应而乙醇与浓溴水却不反应。

3. 显色反应

学生活动——将$FeCl_3$溶液滴入盛有少量苯酚稀溶液的试管中，振荡，观察实验现象。

学生描述实验现象：苯酚遇$FeCl_3$溶液显紫色。

教师：可用于检验Fe^{3+}或者酚类物质的存在。

（五）苯酚的用途与危害

教师活动——播放苯酚用途的视频，提问：你生活中有没有接触过与苯酚有关的用途物品？

学生活动——有学生回答苯酚药皂、苯酚软膏等。

教师活动——苯酚是一种非常重要、有广泛用途的化工原料，广泛用于制造酚醛树脂、防腐剂、合成纤维、染料、香料、农药、消毒剂等。

苯酚的来源与危害：含酚类物质的废水对生物具有毒害作用，会对水体造成严重污染。化工厂和炼焦厂的废水中常含有酚类物质，在排放前必须经过处理。

（六）课堂小结和练习

学生活动——总结苯酚的化学性质：苯环上的羟基使苯酚呈酸性，是一元弱酸；羟基影响苯环上的氢原子，使其易与浓溴水等发生取代反应；苯酚可发生显色反应，遇$FeCl_3$溶液显紫色。

学生活动——课堂练习。

（1）用一种试剂＿＿＿＿把下列四种溶液鉴别开来，并在表4-1-4中填写实验现象。

表4-1-4

	苯酚	乙醇	氢氧化钠	硫氰化钾
实验现象				

答案：$FeCl_3$溶液。现象分别是溶液呈紫色、无明显变化、生成红褐色沉淀、溶液呈血红色。

（2）设计实验操作步骤，怎样从含有苯酚的乙醇溶液中回收苯酚（图4-1-3）。

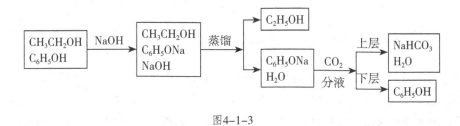

图4-1-3

此题是从不同角度探究有关苯酚和乙醇的实验问题，如果时间不够，可留作课后作业。

六、教学反思

探究实验现象不明显的反思：学生向盛有苯酚钠澄清溶液的试管中用饮料吸管吹入呼出的气体，经过较长时间也没有明显变混浊，后来两个同学一起吹也不明显。笔者当即改为滴入稀盐酸，溶液马上变混浊。课后在化学实验室，笔者直接通入用碳酸钙和盐酸反应制取的二氧化碳，苯酚钠溶液也立即变混浊。静心思考，应该是学生呼出的气体中二氧化碳浓度低，与苯酚钠反应生成的苯酚浓度低，造成混浊现象不明显。处理化学实验偶发事件需要任课教师科学缜密地思考和判断。新课标对培养学生科学探究核心素养提出了较高要求。运用化学实验进行实验探究，培养勇于实践和质疑、善于探索和创新的品质，让每个学生都有出彩的机会，使其化学学科核心素养得到不同程度的发展，是笔者一直坚守的教学理念。

以实验探究情境和醇酚两种物质关联对比构建有机物典型代表物质的认知模型。按照新课标的要求，倡导素养为本的课堂，开展以化学实验为主的多种探究活动。笔者积极创设实验问题情境，对于苯酚水溶性及化学性质的实验均由学生以探究实验的形式完成，让学生亲历了高中化学新课程有机化合物探索性学习过程。同时，笔者根据有机化学学科的内在规律和学生思维特点，采用关联对比乙醇、苯酚的结构和性质的教学方法，深刻引导学生触类旁通、举一反三，探究化学学科本质，展现学生的合作学习和探究能力。从学生反馈来看，这是科学掌握有机物典型代表物质的好办法。本节课得到听课老师的充分肯定，受到全班学生的热烈欢迎和高度赞赏。

本节课存在的问题也不少，如探究实验怎样让全体学生同步看到明显的实验现象，我们尝试手机录像后上传纳米黑板，但需要一定的时间，有可能造成课堂教学任务未能完成等，今后会统筹处理好探究实验的时间和效率的矛盾。

创设真实情境，从技术变革的角度进行教学

——以"化学电源"为例

惠州市华罗庚中学　徐琴

一、教学主题内容与教学现状分析

原电池是高中化学教学的重要内容之一，必修二和选择性必修一都有学习，是历年高考考查的重点和难点。因原电池相关习题情境多、装置和工作原理复杂，学生往往思路不清，在分析和解决原电池相关问题时存在困难，甚至不知如何下手。出现这种情况很大程度上是因为现实中形式各样的化学电源与理论上的原电池有很大的差距，电池装置陌生度增加，导致学生认知困难。化学电源的学习就是引导学生"从抽象的思维到实践的过程"。一次电池、二次电池和燃料电池的学习，是由简单到复杂分层递进的过程，在教学中有必要创设真实情境，从技术变革角度进行教学，引导学生更生动地认识原电池和化学电源，拓展对原电池的认知。通过这节课化学电源的学习，了解化学电源的发展史，感受科学家们在新型电池上孜孜不倦的探索精神，领悟科学家怎样从现象到本质，从原理到实用，从简单到复杂，不断创新，将电池发展到今天，培养学生科学精神与社会责任。

二、教学思想与创新点

在前面原电池的学习中，学生已经认识了电极反应、电极材料、离子导体、电子导体是电池构成的四个基本要素，能设计简单的原电池，建立了原电池的系统分析思路，会书写简单电极反应、判断原电池的正负极。在此知识储备下再来学习化学电源，是将理论应用到生产生活实践的过程。为了建立对电化学过程的系统分析思路，我主要从以下两方面来提高学生对电化学本质的认识，建立系统分析原电池的思路。

（一）介绍电池的技术变革，用科学家的研究思路启迪学生智慧

在教学中通过介绍化学电源的发展史与新型电池的研发工作，通过电池的技术变革来挖掘和利用学生的创新思维，不断地创设真实情境，巧妙地将课堂引向生活，让课堂因生活而精彩。以电池的发展为背景，从一次电池"干电池碱性锌锰电池"到"纽扣电池锌银电池"，以"化学电源在汽车市场上的发展和应用"为例从二次电池"铅蓄电池"到"锂离子电池"再到"燃料电池"，可见电池工业的技术在不断变革创新，从而更形象生动地引导学生加深对电池原理和性能等方面的理解，有助于降低学习难度，提高学生对电化学本质的认识，感悟能量之间相互转化的现实意义。

（二）精心设计学习活动，助力原电池思维模型的建构和应用

本节课教学过程中设计了两次建模：一是原电池基本认知模型的构建，即利用典型的原电池装置，分析原电池原理，建立解答原电池问题的思维模型，并利用模型揭示其本质及规律；二是电极反应方程式书写模型的构建，即掌握新型电池由化学方程式进行电极反应式的书写。通过建模，学生深入理解重难点内容，形成自己的知识体系架构，极大地提高了学习效率。

三、教学目标

（1）了解常见的化学电源，能运用原电池思维模型分析其工作原理，能用电极反应表示其中发生的化学反应，体会变化和守恒思想。

（2）了解化学电源的发展史，能列举常见的化学电源；能从物质变化和能量变化的角度分析新型电池的研发和应用，培养责任意识和创新精神。

四、教学流程

教学流程见表4-1-5。

表4-1-5

教学环节	教师教学行为	学生学习活动	设计意图
环节一 了解历史上电池创新的技术变革	播放电池的发展史视频	观看视频，感受化学对人类生产和生活所做的巨大贡献	让学生了解电池的技术变革的历史进程，激发学生的探索欲望，开展寻找理想电池之旅
环节二 认识一次电池	1.展示干电池的解剖图，引导学生认识普通锌锰干电池和碱性锌锰干电池的结构。 2.展示自制的5号电池，让学生动手体验音乐响起来的愉悦！ 3.指导学生完成普通锌锰干电池和碱性锌锰干电池电极反应式的书写，并构建电极反应式的书写模型	1.了解普通锌锰干电池和碱性锌锰干电池的结构。 2.分组实验，感受音乐响起的愉悦。 3.完成普通锌锰干电池和碱性锌锰干电池对比分析表格。掌握电极反应式的书写模型	让学生了解电池的技术创新应从电极和离子导体去研究。帮助学生构建电极反应式的书写模型，掌握电极反应式的书写方法。通过从电量持久性、环境污染等对比分析一次电池的优缺点
环节三 认识二次电池（铅蓄电池、锂电池）	1.认识铅蓄电池，引导学生根据铅蓄电池化学反应方程式书写放电和充电时的电极反应式。 2.认识锂电池，引导学生根据锂电池的化学反应方程式和电池工作原理图书写电极反应式	1.了解铅蓄电池、锂电池的结构特征。 2.领悟电池电极反应式的书写模型，学会从氧化还原方程式和电池装置图入手书写电极反应方程式	以"化学电源在汽车市场上的发展和应用"为情境，学会书写二次电池的电极反应式，感受从铅蓄电池到锂电池的技术变革。同时提出如何解决锂电池的充电时间长、续航里程短的问题

续表

教学环节	教师教学行为	学生学习活动	设计意图
环节四 认识二次电池（燃料电池）	1.了解燃料电池结构特征，找出其技术上的创新点。 2.掌握氢氧燃料电池电极方程式的书写。 3.提出氢氧燃料电池需要解决的技术问题	1.了解燃料电池的电极为多孔结构，主要原因是燃料电池所使用燃料及氧化剂大多数为气体。通过多孔电极增加电极和反应物的接触面积。 2.掌握氢氧燃料电池电极方程式的书写	通过电极及离子导体的变化，让学生感知电池的技术变革，并体会化学对人类生产生活所做的巨大贡献
环节五 课堂小结，总结提升	1.引导学生思考从理论到实际应用，需要突破哪些技术创新。 2.小结电极反应方程式书写模型和原电池装置的技术创新模型	归纳小结电池的技术变革，从离子导体、电极、技术创新模型等方面进行创新探索	总结提升，让学生掌握电极反应方程式书写模型和原电池装置的技术创新模型
环节六 课后实践（水果电池）	引导学生思考如何改进水果电池，实现水果电池电压增大	思考采用哪些措施可以提升水果电池的电压	通过课后实践，促进学生形成认识原电池的技术视角，并从技术视角拓展深化学生对电池的认识

五、教学实录

（一）了解电池的技术探索史

师：播放电池的发展历史视频。

生：观看视频，了解电池变革的发展历史进程，开启寻找理想电池之旅。

师：回顾原电池基本认识模型，提出从理论到实际应用需要突破哪些技术创新。

生：根据原电池的基本认识模型，思考从电极和离子导体等方面创造理想电池。

（二）认识一次电池锌锰干电池

师：展示普通锌锰干电池和碱性锌锰干电池的解剖图，引导学生认识这两种干电池的结构。

完成表4-1-6。

表4-1-6

电池种类	普通锌锰干电池	碱性锌锰干电池
总反应	$Zn+2MnO_2+2NH_4Cl\!=\!=\!2MnOOH+ZnCl_2+2NH_3$	$Zn+2MnO_2+2H_2O\!=\!=\!2MnOOH+Zn（OH）_2$
离子导体		
电极反应式	正极： 负极：	正极： 负极：
性能分析		

生：认真观察一号电池的解剖图，写出两种电池的电极反应式，并对其进行性能分析。

师：归纳电极反应方程式书写模型，引导学生从氧化还原方程式入手确定还原剂和氧化剂，氧化产物与还原产物，计算得失电子数，写出正负极电极反应式的反应物和产物，再利用电荷守恒、物料守恒补齐电极反应方程式。

师：从普通电池到碱性锌锰干电池，技术上有哪些优点？

生：通过对酸性和碱性电池进行对比分析，提出对碱性电池的离子导体进行改进，把氯化铵改成了氢氧化钾，减少了自放电，离子导电性更好。电极方面由锌片变成了锌粉，反应面积成倍增长，增大了放电容量。电流大幅度提高，原料利用率更高。

师：如何解决一次电池用完丢弃，污染环境和浪费的问题？

生：使用可充电的电池即二次电池。

（三）认知二次电池铅蓄电池和锂电池，以"化学电源在汽车市场的发展和应用为例"

师：1859年，普兰特发明了可充电的铅酸蓄电池。铅酸蓄电池的化学方程式如下：

$$Pb（s）+PbO_2（s）+2H_2SO_4（aq）\underset{充电}{\overset{放电}{\rightleftharpoons}}2PbSO_4（s）+2H_2O（l）。$$

展示铅蓄电池的充放电工作原理示意图。

生：认真聆听老师讲解。

师：请同学们根据铅蓄电池的化学方程式，写出铅蓄电池放电过程中正负极上的电极反应。

生：完成铅蓄电池放电过程的电极方程式的书写。

师：把放电过程的负极反应式反过来写则是充电过程的阴极反应式。同理，放电过程的正极反应式反过来写则是充电过程的阳极反应式。

师：铅蓄电池不足之处在于能量密度偏低、循环寿命偏短，主要原材料铅是一类有毒物质，电池生产和再生铅加工过程中存在铅污染风险，管理不善可能会对环境和人体健康造成危害。当代电动汽车通常采用锂离子电池作为动力，依靠锂离子在正极与负极之间移动来工作。介绍两种锂电池化学方程式和工作原理装置图。化学方程式如下：

$$LiCoO_2+C_6\underset{充电}{\overset{放电}{\rightleftharpoons}}CoO_2+LiC_6和O_2+2H_2O+4Li\rightleftharpoons4LiOH$$

生：通过锂电池的化学方程式和工作原理装置图，分小组讨论书写这两种锂电池的电极反应方程式。

师：再次回顾电极反应方程式的书写模型，并提出除根据氧化还原方程式的书写规则外还要参考原电池装置图共同确定还原剂、氧化剂、氧化产物、还原产物、介质等来书写电极反应方程式，并根据电荷守恒、质量守恒配平检查。

师：创设"2019年，诺贝尔奖颁给了约翰·B.古迪纳夫、M.斯坦利·威廷汉、吉野彰，以奖励他们在锂离子电池领域做出的突出贡献"的情境，了解科学家们在电池技术探索上的所做的贡献，感受化学服务于科技和生产生活。

师：如何解决锂电池充电的时间长、续航里程短的问题？

（四）认识二次电池氢氧燃料电池，以"化学电源在汽车市场的发展和应用为例"

资料卡：

2013—2017年全球氢燃料电池汽车累计销量6475辆，丰田氢氧燃料电池汽车占销量75%。氢氧燃料电池具有能量密度大、续航里程长、燃料加注时间短的优点。

师：展示酸性燃料电池的工作原理装置图。请同学们根据氢气与氧气生成水的化学方程式，写出电极反应式。

生：分小组派代表上台书写酸性燃料电池的电极反应方程式。

师：如果把电解质溶液换成氢氧化钾，电极方程式的书写又如何了？请写出碱性燃料电池的电极反应方程式。

生：另外小组派代表上台书写碱性燃料电池的电极反应方程式。

师：通过投影屏展示教师做好的简易氢氧燃料电池实验（图4-1-12）。取废旧5号电池的碳棒，塑料瓶，9伏电池，小灯泡。首先加入硫酸钠溶液，接通电源电解，两极分别产生氢气和氧气。断开电源，连接灯泡，灯泡亮。

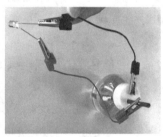

图4-1-12

生：通过实验操作和现象的观察，基于实验事实得出结论，由此对燃料电池的结构和原理有了更深的认识。

师：使用氢氧燃料电池的轿车至今还没有普及，你觉得可能需要解决的技术问题是什么？

学生各抒己见，讨论激烈：燃料电池制氢、储氢等成本较高；加氢站等基础设施建设成本高昂，短期内也难以大规模展开。

（五）小结化学电源的技术创新

师：归纳总结原电池的技术创新模型，技术创新可从电极和离子导体入手。

（1）电极：通过串联增加电极数目；电极变形或多孔电极增大接触面积。

（2）离子导体：通过盐桥或膜由单液到双液减少自放电；离子导体根据需要可做成液体导体、糊状导体、固体导体。

（六）课后实践，制作水果电池。

师：依据原电池装置的构成要素设计水果电池，思考如何将水果电池电压调大。从技术视角看，这些措施从哪些角度改进了电池？

六、结束语

本节课以真实的教学情境为线索，从技术变革的视角来认识原电池和化学电源。通过构建原电池电极反应方程式的书写模型，宏观与微观相结合用变化守恒观帮助学生学会分析陌生电池的工作原理，归纳电池的构成要素及书写电极反应式，发展学生"宏观辨识与微观探析"和"证据推理与模型认知"的核心素养，通过学习化学电池的发展历史和原电池装置的技术创新模型，引导学生从物质变化和能量变化方面，如能量转化效率、环境保护、节约成本等寻找实现化学能向电能转化的最佳技术手段，培养学生"实验探究与创新意识"以及"科学精神与化学责任"的核心素养。教学实践发现，在真实情境中从技术视角来学习化学电源，能使高中学生更好地认知复杂的化学电源装置，在习题解决上更容易找到分析视角，从而较好地完成学习任务。

基于"碳达峰""碳中和"的化学二轮复习项目式学习研究
——以"CH_4—CO_2催化重整反应"为例

广东省惠州中学　龚泽时

一、项目式学习主题分析

随着人类社会活动中CO_2、CH_4等温室气体过度排放，导致全球极端气候越发频繁。因此，CO_2的减排及利用成为全球重点研究的议题，也是高考重点考查内容的载体之一。比如，2021年广东卷、全国甲卷和河北卷以"碳达峰、碳中和背景下，温室气体的综合利用"为情境载体，考查盖斯定律、影响化学反应速率和平衡移动的因素、反应历程、相对压力平衡常数等。

高中化学"倡导真实问题情境的创设，开展以化学实验为主的多种探究活动，重视教学内容的结构化设计"。在高三化学反应原理一轮复习中，主要以模块形式开展教学，知识零散抽象、概括性强、缺乏结构性、情境性。因此二轮复习采用项目式学习，有利于促进学生在项目活动实施过程中，完成知识的深度加工，并形成解决问题的一般思路，提升综合能力。通过"碳达峰""碳中和"真实问题情境载体，开展"CH_4—CO_2催化重整反应"项目式二轮复习，以各地高考题与模拟题为明线，以反应原理高频考点为暗线，通过教学结构化设计，帮助学生建立焓变的计算模型、反应历程模型、平衡常数计算模型等，促进学生知识结构化。

二、项目教学思路及流程

（一）项目教学思路

基于"碳达峰""碳中和"的真实情境，重现CH_4—CO_2催化重整制合成气的工艺研究历程：分析催化反应的可行性→提高CH_4—CO_2催化反应的速率→提高CO_2平衡转化率→选择适宜的反应条件。CH_4—CO_2催化重整制合成气，有利于CO_2、CH_4等温室气体的减排，保护生态环境。同时，反应制得的合成气不仅可用于生产生活，还是优良的化工原料，可通过费托合成反应生产高附加值化工产品，如汽油、柴油、甲醇和乙二醇等。

（二）项目教学流程（图4-1-13）

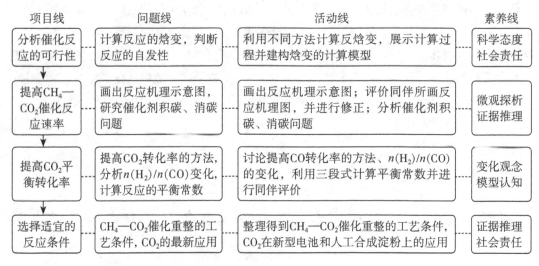

图4-1-13

三、项目实施过程

【项目导引】近年来，由于人类活动产生的碳排放总量在逐年上升，导致全球气候异常现象增多，威胁人类的生存环境。为践行人类命运共同体的发展理念，体现大国担当，习近平主席在第75届联合国大会上提出，中国"将二氧化碳排放力争于2030年前达到峰值，努力争取2060年前实现碳中和"。而CO_2在食品、合成化工和超临界方面都有重要的作用，如何将CO_2资源化、合理化，是当今社会研究的热门课题。假如你是"CH_4—CO_2催化重整反应"的总设计师，你将如何开展研究？

项目1 分析催化反应的可行性

【交流研讨】CH_4—CO_2催化重整能否发生？首先得考虑热力学问题，可以利用$\Delta G=\Delta H-T\Delta S$分析反应的自发性。通过哪些方法可以计算得到$\Delta H$。

问题1：CH_4—CO_2重整反应体系主要涉及以下反应：

① $CH_4(g)+CO_2(g)\rightleftharpoons 2CO(g)+2H_2(g)$ ΔH_1。

② $CO_2(g)+H_2(g)\rightleftharpoons CO(g)+H_2O(g)$ $\Delta H_2=+41$ kJ/mol。

③ $CH_4(g)\rightleftharpoons C(s)+2H_2(g)$ $\Delta H_3=+75$kJ/mol。

④ $2CO(g)\rightleftharpoons CO_2(g)+C(s)$ $\Delta H_4=-172$kJ/mol，计算出反应①的ΔH_1。

问题2：已知C—H、C=O、C≡O、H—H的键能分别为414 kJ/mol、803 kJ/mol、1072 kJ/mol和436 kJ/mol，请计算出反应①的ΔH_1。

问题3：已知相关物质的燃烧热（表4-1-7）所示，请计算出反应①的ΔH_1。

表4-1-7

物质	CH$_4$	CO	H$_2$
燃烧热ΔH（kJ/mol）	−890.3	−283	−285.8

【追问】通过图4-1-14，还能想到其他计算方法吗？

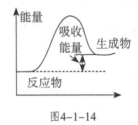

图4-1-14

【活动效果】建构反应焓变的计算模型，表4-1-8为反应焓变的计算方法。

表4-1-8

计算方法	计算公式
根据盖斯定律计算	—
从宏观角度分析	$\Delta H = H_2$（生成物的总能量）$- H_1$（反应物的总能量）
从微观角度分析	$\Delta H = E_2$（反应物的键能总和）$- E_2$（生成物的键能总和）
从活化能角度分析	$\Delta H = E_2$（正反应活化能）$- E_2$（逆反应活化能）
从燃烧角度分析	$\Delta H = \Delta H_1$（反应物的燃烧热）×化学计量数$-\Delta H_2$（生成物的燃烧热）×化学计量数

设计意图：反应焓变的计算是高考高频考点，但学生并未形成关于焓变计算的思维模型。通过盖斯定律、键能、燃烧热等数据的计算，引导学生学会在具体情境中具体分析，并建立相关的计算模型。学生根据计算结果与学习材料的对比（高于645℃），利用化学反应自发性判据$\Delta G = \Delta H - T\Delta S$推测该反应在高温下能自发进行，从中获得问题解决的成就感，激发学生深度学习探究的积极性。

项目2 提高CH$_4$—CO$_2$催化反应速率探究

【交流研讨】CH$_4$、CO$_2$分子结构比较稳定，反应活化能高。理论上，可通过增大物质浓度、升温、加压、加入催化剂等提高反应速率。由于催化剂对提高反应速率有显著的效果，因此本活动主要讨论催化剂对CH$_4$—CO$_2$反应的影响。以Pt基为催化剂时CH$_4$—CO$_2$的反应历程如下：

CH$_4$+［M］→CHx［M］+H

CO$_2$+［M］+H→CO［M］+OH［M］

CHx［M］+OH［M］→CHxO［M］

CHxO［M］→CO［M］+H$_2$

CO［M］→CO+［M］

问题1：画出CH$_4$—CO$_2$反应机理示意图。

问题2：根据学习导引中关于积碳反应与消碳反应的材料表述。比较催化剂X和Y的优劣？

表4-1-9　积碳反应和消碳反应

积碳反应$CH_4(g)=C(s)+2H_2(g)$		消碳反应$CO_2(g)+C(s)=2CO(g)$
$\Delta H/(kJ/mol^{-1})$	75	172
活化能/(kJ/mol^{-1})　催化剂X	33	91
催化剂Y	43	72

【学习导引】催化剂积碳是CH_4—CO_2反应普遍存在的问题。催化剂活性因表面活性部位被积碳覆盖或堵塞而下降甚至丧失。

问题3：在反应进料气组成、压强及反应时间相同的情况下，催化剂表面的积碳量随温度的变化关系如图4-1-15所示。如何减弱因积碳反应对催化剂活性降低的影响？

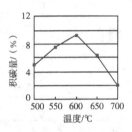

图4-1-15

【活动成果】学生作品如图4-1-16所示。

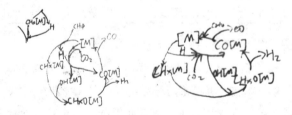

图4-1-16

【分析】催化剂Y消碳反应活化能比积碳反应的活化能小，消碳反应速率较大。积碳、消碳反应均为吸热反应，温度升高，均有利于两个反应正向进行，但消碳反应速率增加的倍数比积碳反应速率增加的倍数大。同时升温有利于提高合成气的产率。升高温度，$K_{积}$、$K_{消}$都增大。600℃之前，$K_{积}$正相关性更高，所以积碳量增多；600℃之后，$K_{消}$正相关性更高，所以积碳量减少。

设计意图：通过绘制催化剂的反应历程示意图，帮助学生了解催化剂在化学反应过程中的微观本质变化，建立宏观与微观相结合的学科思想；通过现实工艺催化剂使用过程中的积碳问题分析，提高学生运用化学原理解决生产生活真实问题的能力。

项目3　提高CO_2平衡转化率探究

【交流研讨】CH_4—CO_2重整反应，主反应：$CH_4(g)+CO_2(g)\rightleftharpoons 2CO(g)+2H_2(g)$。

副反应：CO_2（g）+H_2（g）$\rightleftharpoons$ CO（g）+H_2O（g）。

在恒容密闭容器中，进料比n（CO_2）/n（CH_4）分别等于1.0、1.5、2.0，且反应达到平衡状态。CH_4的质量分数随温度变化关系如图4-1-17所示。

问题1：曲线a对应n（CO_2）/n（CH_4）=?

问题2：反应体系中，n（H_2）/n（CO）随温度变化如图4-1-18所示，随着进料比n（CO_2）/n（CH_4）的增加，n（H_2）/n（CO）的值如何变化？

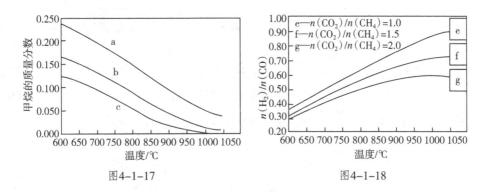

图4-1-17　　　　　　　　　　　　　图4-1-18

问题3：在800℃、101kPa时，按投料比n（CO_2）/n（CH_4）=1.0加入1L密闭容器中，达到平衡时CH_4的转化率为90%，CO_2的转化率为95%，计算主反应的平衡常数K。

【活动成果】学生作品如图4-1-19所示。

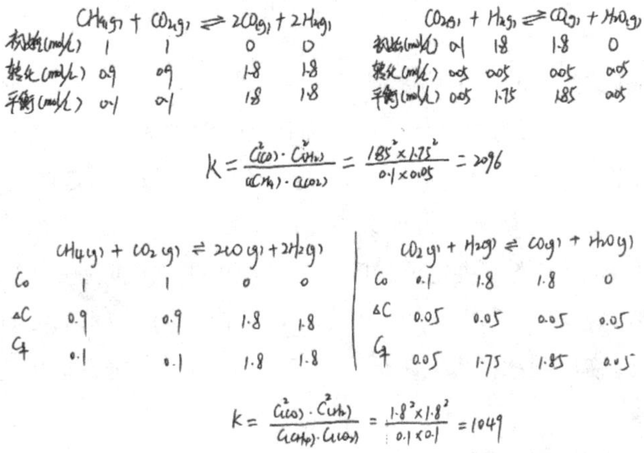

图4-1-19

设计意图：平衡转化率的大小影响生产效益，提高平衡CO_2转化率可通过增大n（CH_4），但n（CO_2）/n（CH_4）的大小关系需要实验测定并且要考虑副产物问题。此外，多平衡体系K的计算是高考化学平衡计算的难点和易错点，多平衡体系共同物质需取平衡状态的量，而不是某个反应，培养学生点面结合的系统逻辑思维。

项目4　选择适宜的反应条件

【学习导引】查阅文献，CH_4—CO_2催化重整的工艺流程图及条件如图4-1-20所示。

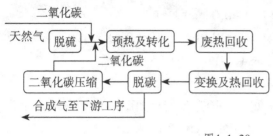

CH₄—CO₂催化重整的工艺条件	
影响因素	措施
催化剂	Ni催化剂
反应温度/℃	850
$n(CO_2)/n(CH_4)$	2.5

图4-1-20

问题1：选择Ni催化剂是由于该类催化剂能有效降低积碳问题，提高催化效率。反应温度选择850℃的原因是什么？

问题2：降低CO_2含量的方法有多种，如利用CO_2提供电能，西北工业大学谢科予教授团队研究Li-CO_2电池，续航时间比同等体量的传统锂电池提升了7倍，并且所用材料更为环保。图4-1-21为Li-CO_2电池工作图。写出电极反应式和总反应式。

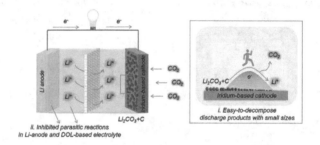

图4-1-21

【分析】甲烷转化炉炉管材质的耐受温度有一定的限制，不可超过950℃，否则将会降低转化炉炉管的使用寿命。经过综合考量，最终确定转化温度为850℃。CH_4含量将会影响合成气下游工序的能耗和物耗，$n(CO_2)/n(CH_4)$越大，CH_4质量分数越小，最终确定$n(CO_2)/n(CH_4)$=2.5，此时甲烷的质量分数为3%以下，比较适宜。

【升华】CO_2不仅能为人类解决用电的问题，还能解决吃饭问题，我国科研人员利用CO_2颠覆性的人工合成淀粉，实现了传统农业种植向工业车间生产技术的突破。此外，2022年北京冬奥会还利用CO_2跨临界制冰技术实现低碳冬奥。CO_2看似有害，但可变"废"为宝，造福人类。

设计意图：从热力学和动力学分析，CH_4—CO_2催化重整可实现工业化，而真实的工艺考虑的问题更多，如设备、成本、原料等，提供真实的工艺流程，可以引导学生理论联系实际，开拓思维。展示我国关于碳减排的伟大成就，有利于厚植学生的家国情怀，让其树立科技强国的思想。

四、项目教学反思

直面社会发展过程中的真实问题，从化学科学、技术和社会等综合角度构建基于问题情境的项目式二轮复习，促使课堂从教师中心的常规复习转入学生中心的深度学习探究模式，更易激发学生的共情，完成学科元素观、转化观的主动构建。通过真实问题的项目式学习，引导学生既要深入课堂理论学习，又要走出课堂直面现实问题并解决问题；既要关注个人成长成才，也要关注国家、社会发展中的真实问题；既要认识项目式学习的必要性和真实性，也要激发探究精神和民族自豪感，坚定科技强国的信心。

基于实验探究问题情境的教学探索
——电解氯化铜溶液微型化实验探究教学设计
广东省惠州市华罗庚中学　许常桥

一、教材分析

"电解池"是人教版化学选修四"化学反应原理"第四章第三节的内容。"电解池"是电化学的重要理论基础，研究的是如何借助电使不能自发的氧化还原反应能够发生。它属于化学原理性课程，包含模型建立与实验探究成分，有利于构建宏观、微观、符号表征的学科思维方法，是学生深入运用氧化还原知识构建电化学知识体系的又一核心内容。本部分内容可分为2课时，第1课时是电解原理，第2课时是电解原理的应用。

第1课时要使学生从微观世界认识电解池中微粒的移动本质，把握各电极反应的过程，理解电解池反应的本质是氧化还原反应，从而建立分析电解池的思维模型；同时"电解池"（第1课时）的教学对电解原理在工业中的应用起到了奠基的作用。

二、课标要求

内容要求：了解电解池的工作原理，认识电解在实现物质转化和储存能量中的具体应用。

教学策略要求：充分利用电解氯化铜溶液和电解饱和食盐水等案例素材，组织学生开展分析解释、推理预测、设计评价等学习活动，发展学生对电解池工作原理的认识，转变偏差认识，促使学生认识到电极反应、电极材料、离子导体、电子导体是电化学体系的基本要素，建立对电化学过程的系统分析思路，提高学生对电化学本质的认识。

三、教学与评价目标

（一）教学目标

（1）通过氯化铜溶液的电解实验建构电解池的认知模型，再运用认知模型分析电解硫酸铜溶液，提升"证据推理与模型认知"的化学学科核心素养。

（2）通过宏观（实验现象）—微观（电子、离子的移动）—符号（电极反应式）三重表征形成电解池的工作原理，提升"宏观辨识与微观探析"的化学学科素养。

（3）师生合作，共同设计一种微型化实验电解氯化铜溶液，巩固认知模型，进一步增强学生对电解原理的理解，强化实验水平，提升"科学探究与创新意识"的化学学科素养。

（二）评价目标

评价目标见图4-1-22所示。

（1）通过对电解氯化铜实验的微观分析，诊断并发展学生实验探究的水平（定性水平、定量水平）。

（2）通过对电解池阴阳两极和电解产物的判断和分析，诊断并发展学生对电解池本质的认知进阶（物质水平、微粒水平）和认识思路的结构化水平（视角水平、内涵水平）。

（3）师生合作，共同设计一种微型化实验电解氯化铜溶液，诊断学生对化学价值的认识水平（学科价值视角、社会价值视角、学科和社会价值视角）。

| 电解池的宏观现象
宏观辨识与微观探析
科学精神与社会责任
化学价值认识水平 | ⇨ | 电解池的微观本质
证据推理与模型认知
知识关联结构化认识的水平 | ⇨ | 问题解决
科学探究与创新意识
方案设计小组讨论 |

图4-1-22

四、教学过程

环节一：创设情境，引入新课

教师活动：播放神奇的变色玻璃视频。

学生活动：观看视频，感受化学在科技创新中的应用。

设计意图：通过视频观看，让学生体验现代科技创新的魅力，引起学生的好奇心，激发学生的探知欲。

环节二：实验探究，初得结论

教师活动：让学生观察两个装置图（图4-1-23、图4-1-24），分析各装置图会有怎样的变化？

问题1：如图4-1-23所示，将碳棒和锌棒用导线相连插入氯化铜溶液里，两个电极的表面是否有现象产生？

碳棒　　锌棒

氯化铜溶液

图4-1-23

学生活动：图4-1-23是一个原电池，锌棒上失去电子，会逐渐变细，碳棒上得到电子，有红色物质析出。

问题2：如右图4-1-24所示，将两根碳棒用导线相连插入氯化铜溶液里，情况怎样？将两根碳棒接通电源，情况又会怎样呢？

学生活动：不接通电源，两极没有现象发生。两根碳棒接通电源后，它将是电解池。

设计意图：通过复习原电池的工作原理，再引入电解池装置，对接下来的学习起到承上启下作用。

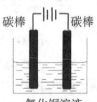

碳棒　　　　碳棒

氯化铜溶液

图4-1-24

教师活动：接下来我们探究电解氯化铜溶液，为了更好地观察两极的现象，老师把课本实验装置做了一些改进（图4-1-25）。

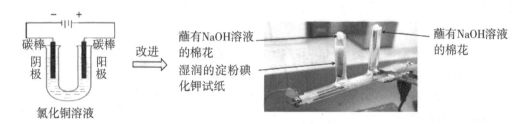

图4-1-25

教师活动：接通直流电源后，请说出改进装置中π形四通管内的现象和试纸颜色的变化。

学生活动：接通电源，在阳极区有气泡产生，且π形四通管支管内湿润的淀粉碘化钾试纸很快变蓝，阴极碳棒上有红色物质析出。

设计意图：化学变化伴随着宏观现象的转变，从宏观到微观，培养学生发现问题和解决问题的能力。

环节三：深入分析，掌握原理

问题3：通电前，氯化铜溶液里主要存在哪些离子？这些离子的运动情况怎样？通电后，这些离子的运动情况有什么改变？当离子定向运动到电极表面上时，发生了什么变化？

学生活动：通电前溶液中Na^+、Cl^-、H^+、OH^-自由移动；通电后它们做定向移动，带正电的Na^+、H^+向阴极移动，带负电的Cl^-、OH^-向阳极移动。

阳极电极反应式是$2Cl^- - 2e^- = Cl_2\uparrow$

阴极电极反应式是$Cu^{2+} + 2e^- = Cu$

总反应式是$CuCl_2 \xrightarrow{\text{电解}} Cu + Cl_2\uparrow$

教师活动：电解原理。

（1）电解：使电流通过电解质溶液，而在阴、阳两极引起氧化还原反应的过程。

（2）电解池：电能转变为化学能的装置。

（3）电解池构成条件：①直流电源；②两个电极；③电解质溶液或熔融电解质；④形成闭合回路。

（4）电子与离子流向：

电子流向：由负极流出，流向阴极；由阳极流出，流回正极。

离子流向：阳离子移向阴极，阴离子移向阳极。

教师活动：①电解时，外电路有电子通过，而在电解质溶液中依靠阴阳离子的定向移动形成电流。②电子本身不会通过电解质溶液。

（5）电极名称及电极反应：

阳极：与电源正极相连；失电子，发生氧化反应。

阴极：与电源负极相连；得电子，发生还原反应。

电极反应式：

阳极：$2Cl^- - 2e^- = Cl_2\uparrow$

阴极：$Cu^{2+} + 2e^- = Cu$

总反应式是$CuCl_2 \xrightarrow{\text{电解}} Cu + Cl_2\uparrow$

学生活动：为什么阴极最终是Cu^{2+}得电子，而不是H^+得电子，阳极最终是Cl^-失电子而不是OH^-失电子？（请从得失电子的能力分析。）

教师活动：放电顺序。

阴极：氧化性强的阳离子先得电子。

$Ag^+ > Fe^{3+} > Cu^{2+} > H^+ > Pb^{2+} > Sn^{2+} > Fe^{2+} > Zn^{2+} > (H^+) > Al^{3+} > Mg^{2+} > Na^+ > Ca^{2+} > K^+$

阳极：谁先失电子，首先判断阳极的电极材料。

$S^{2-} > SO_3^{2-} > I^- > Br^- > Cl^- > OH^- > NO_3^- > SO_4^{2-}$（等含氧酸根离子）$> F^-$

学生活动：写出下列装置的电极反应式

教师活动：电致变色玻璃原理

电致变色是指材料的光学属性（反射率、透过率、汲取率等）在外加电场的作用下发生稳定、可逆的颜色变化的现象。

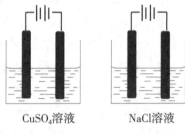

CuSO₄溶液　　NaCl溶液

图4-1-26

需要的材料：WO_3（无色透明）、$LiWO_3$（蓝色）、$Fe_4[Fe(CN)_6]_3$（蓝色）、$Li_4Fe_4[Fe(CN)_6]_3$（无色透明）、含Li^+的聚环氧乙烷透明凝胶（可以通过Li^+）、透明导电层（电极）、电源。

玻璃变蓝色时需要将WO_3转变为$LiWO_3$，将$Li_4Fe_4[Fe(CN)_6]_3$转变为$Fe_4[Fe(CN)_6]_3$。让WO_3做阴极可得电子转变为$LiWO_3$，让$Li_4Fe_4[Fe(CN)_6]_3$做阳极可失电子转变为$Fe_4[Fe(CN)_6]_3$。

课后拓展：根据电解池的工作原理及查阅相关资料，利用家里的电池、导线、废饮料瓶、食盐等，组装一瓶装置自制家庭"84"消毒液。

学生活动：

现用铂电极电解1L浓度均为0.1 mol/L的HCl、$CuSO_4$的混合溶液，装置如下图，下列说法正确的是（D）。

A. 电解开始时阴极有H_2放出

B. 电解开始时阳极上发生：$Cu^{2+} + 2e^- = Cu$

C. 当电路中通过的电子的量超过0.1 mol时，此时阴极放电的

离子发生变化

D. 整个电解过程中，SO_4^{2-}不参与电极反应

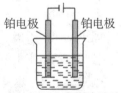

铂电极　　铂电极

HCl、$CuSO_4$的混合溶液

第二节　工业真实情境

基于工业真实情境的"离子交换膜技术"

——在氯碱工业中的应用教学

惠州市博罗中学　刘建

一、教学主题内容

氯碱工业是基本化工原料工业，在国民经济中占有重要的地位。其主要产品烧碱（NaOH）、氯气和氢气，广泛应用于国民经济各个部门。氯碱行业主要是以氯、碱生产为主的工业化工生产行业，氯碱行业产品在我国社会经济发展中有很广泛的应用，对于推进我国社会经济的发展有着重要的作用。结合我国近年来氯碱化工行业的生产情况来看，在氯碱化工生产过程中，使用离子交换膜技术对于提高氯碱化工的生产总量有着积极的作用。离子交换膜技术在我国氯碱化工生产中已经实现了应用与推广。但是，从氯碱生产中使用的离子交换膜技术情况来看，我国氯碱行业生产中应用的离子交换膜技术，与外国的离子交换膜技术以及应用相比，还处于研制发展阶段，需要继续努力。

（一）离子交换膜技术制碱电解原理分析

氯碱生产过程中，主要是通过离子交换膜技术中的离子交换膜方法进行氯碱的电解生成，从而生产烧碱以及氯气、氢气。利用离子交换膜技术中的离子交换膜方法进行制碱的电解化学反应原理如下式：

$$2NaCl + 2H_2O \xrightarrow{\text{通直流电}} 2NaOH + H_2\uparrow + Cl_2\uparrow$$

图4-2-1所示，为离子交换膜电解制碱的原理结构图。应用离子交换膜技术中的离子交换膜方法进行制碱生产过程中，进行交换电解的离子膜是一种阳离子的选择透过性膜。在氯碱行业中，进行该工业化工氯碱生产过程中应用的离子膜是一种全氟磺酸或者是全氟羧酸的复合膜，这种离子复合膜包括磺酸层、增强网布以及羧酸层等部分。

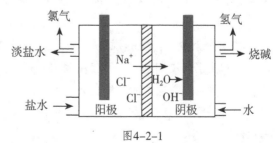

图4-2-1

（二）离子交换膜技术在氯碱生产的应用分析

应用离子交换膜技术进行氯碱行业的氯碱工业生产，就是在氯碱工业生产过程中，使用离子膜电解槽实现氯碱生产应用。在氯碱工业生产中应用的离子膜电解槽既有国内自己生产的，也有从国外引进的，但总的来讲，按结构形式划分，离子膜电解槽主要有复极式离子膜电解槽和单极式离子膜电解槽两种；离子膜阴阳极之间的距离划分，主要有极距离子膜电解槽与零极距离子膜电解槽两种。在氯碱生产实际应用中，不同类型的离子膜电解槽的电解面积对于离子膜的要求也有不同。

总之，使用离子交换膜技术进行氯碱行业中氯碱的工业生产应用，不仅对于提高氯碱行业的生产效率有着积极的作用，而且具有生产污染少、能耗低以及产品质量高等优势，值得推广应用。

二、教学思想与创新点

利用现代化学科学技术，在电解过程中NaCl水溶液中的Na$^+$离子在电场力的作用下向阴极迁移，这样离子交换膜把阴极液和阳极液彻底分开。

Na$^+$从阳极室透过离子膜迁移到阴极室，水分子也伴随迁移1molNa$^+$大约有35mLH$_2$O的水从阳极室迁移到阴极室，而Cl$^-$只有少量通过离子膜扩散到阴极室，少量的OH$^-$受阳极的吸引通过离子膜迁移到阳极室，从而在阳极侧生成Cl$_2$和在阴极侧生成NaOH和H$_2$。

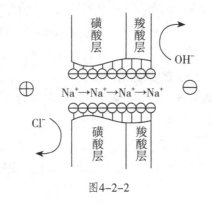

图4-2-2

离子交换膜法制烧碱的优点：

（1）能耗低。离子交换膜法制碱与隔膜法制碱和汞法制碱相比具有直流电耗低、电流效率高、蒸汽消耗量小的特点，离子交换膜法制碱的能耗比隔膜法制碱能耗低约700kW·h，比汞法制碱低约900kW·h。

（2）污染少。传统的汞法、隔膜法始终解决不了铅、汞、石棉的污染问题，而离子膜法制碱解决了污染问题。离子膜法采用的离子交换膜具有稳定的化学性能，几乎无污染和毒害，避免了其他方法造成的铅、汞、石棉的污染。阳极盐水系统循环使用，氯气制成液氯或盐酸，少量尾气经处理制成次氯产品出售，整个系统的废气、废水量很少，且很容易达到排放标准。

（3）产品纯度高。由于离子交换膜的特点，保证产品质量的纯度NaOH中含盐40mg／L以下，氯气纯度99％以上，氢气纯度99.9％以上，这些产品适用于精细化工和对产品品质要求高的行业。

三、教学目标

（一）宏观辨识与微观探析
（1）说出氢气、氯气、纯碱等生活生产中我们熟悉的氯碱工业的产物。
（2）说出水与饱和食盐水两种物质的元素组成。

（二）变化观念与平衡思想
知道通电是电解水和电解饱和食盐水的共同条件，两者有相似性。

（三）证据推理与模型认知
（1）知道工业上电解的原理和通过物质性质实验辨识物质的一般方法。
（2）能通过实验现象和元素守恒推测出电解过程中两极生成的产物，以及溶液中的产物。
（3）能将离子交换膜电解饱和食盐水实验模型简单运用于解释生活中实际的例子。

（四）科学探究与创新意识
（1）能发现电解饱和食盐水两端产生气体体积不同，能提出自己的看法，做出相应解释。
（2）能发现阳极附近红色酚酞溶液会褪色，能进一步提出问题，并设计简单的实验方案进行解释。
（3）能利用离子交换膜技术进行产物纯化，设计不同的适宜的离子交换膜。

（五）科学精神与社会责任
（1）具有安全意识，具有环境保护、合理利用资源、可持续发展的观念。
（2）有将化学成果应用于生活生产的意识，形成节约成本、循环利用等观念。
（3）能对技术、经济和环境等进行衡量，形成合理决策的思维。

四、教学活动过程设计

教学活动过程设计见表4-2-1。

表4-2-1

Ⅰ新闻引入		Ⅱ联系旧知		Ⅲ探究新知		Ⅳ辩论升华
科学态度与社会责任	⇒	宏观辨识与微观探析	⇒	证据推理与模型认知	⇒	科学态度与社会责任
观看新闻走进氯碱工业		类比学习氯碱工业原理		在实验室中模拟氯碱工业		辩论兴建氯碱工业利弊

续 表

Ⅰ新闻引入		Ⅱ联系旧知		Ⅲ探究新知		Ⅳ辩论升华
诊断学生的知识水平和对生活的观察水平	⇨	发展学生的概括关联的学习理解能力	⇨	发展学生的依据现象推理的能力、模型运用能力	⇨	发展学生运用化学原理分析具体工业问题的能力

五、教学活动设计

表4-2-2

环节一：观看新闻走进氯碱工业（3min）	
教师活动： 【视频】上海氯碱化工新产品推介会，上海氯碱化工厂距今已有80多年的历史。 【提问】通过预习，你还知道哪些氯碱化工的产品	学生活动： 【观看】【交流】 （1）直接产品：氯气、氢气、烧碱和纯碱。 （2）进一步：盐酸、84消毒液、氯化铁和聚氯乙烯等化工产品有哪些用途
活动意图说明： 通过观看一段视频，激发学生兴趣，促进学生交流，帮助学生建立知识与实际生活的关联，诊断学生对食盐、氢气、氯气、漂粉精的知识基础。 对应的核心素养：宏观辨识与微观探析	
环节二：类比学习氯碱工业原理	
教师活动： 1.【出示】PPT，初中为探究水的组成学过电解水实验。 2.【问题链】你还记得这个实验由哪些装置组成吗？反应的类型和条件是什么？反应后有怎样的现象？两极的气体体积一样吗？	学生活动： 1.【回忆】电解水是分解反应，条件是通电，产物是氢气和氧气。 2.【回答】反应需要电源；需要一个能存放水的电解槽；通电后阳极放出氧气，阴极放出氢气，两者的体积比是1∶2。 氢气是可燃性气体，可以用爆鸣来验纯。氧气能使带火星的木条复燃
活动意图说明： 诊断学生原有的电解反应的知识基础。 发展学生能将新知识和已有知识关联对比建构新知的能力。 对应的核心素养：变化观念与平衡思想	
环节三：在实验室中模拟氯碱工业	
环节三的第一层次活动——探究电解饱和食盐水的产物	
教师活动： 1.【演示】使用三颈烧瓶、长颈漏斗作为对传统U形电解池的改良。使用注射器收集氢气和氯气。将氢气在酒精灯上点燃，将氯气与碘化钾淀粉溶液混合。（有投影） 2.【提问】你能推测电解后产物是什么吗？为什么？你认为还有其他产物吗？怎样证明？	学生活动： 1.【观察】 （1）观察到有气体产生。 （2）观察到阳极气体呈黄绿色，能使碘化钾淀粉溶液变蓝。 （3）阴极气体可以被点燃 2.【推理】 （1）了解阳极产生的能置换出碘单质气体是氯气。

续表

3.【操作】在阴极注射1mL酚酞溶液	$Cl_2+2KI \longrightarrow 2KCl+I_2$ （2）推测阴极产生的气体是氢气。 （3）根据元素守恒能推测另一个产物是氢氧化钠 3.【验证】 提出通过酚酞指示剂验证氢氧化钠存在的方法。 观察到阴极溶液变红。 完成方程式： $2NaCl + 2H_2O \xrightarrow{\text{通电}} 2NaOH + H_2\uparrow + Cl_2\uparrow$

活动意图说明：

推理之后进行验证，注射酚酞溶液比一开始滴入酚酞要好，可以指导学生对实践原理的体验认知。发展学生依据现象推理的能力、模型运用能力。

对应的核心素养：证据推理与模型认知、科学探究与创新意识

环节三的第二层次活动——分析家用消毒液制取装置结构

教师活动：	学生活动：
1.【提示】【提问】当电解饱和食盐水的反应继续进行，阴极的红色"飘"向阳极，你看到了什么现象？发生了什么？还有其他可能吗？ 【追问】你怎样证实你的观点？ 注：也可将第三步改成再滴加氢氧化钠溶液，如果不重新变红，证明酚酞与氯气发生了反应。此处简单引导。 【讲授】氯气和氢氧化钠溶液可以发生进一步反应： $Cl_2+2NaOH \longrightarrow NaCl+NaClO+H_2O$ 其中NaClO是一种消毒剂，就是84消毒液的主要成分，具有强氧化性。 2.【出示】PPT，家用消毒剂制备器。 【问题链】 （1）你觉得这个装置哪边是阳极，阳极在这个位置有什么好处？ （2）你觉得电解槽设计成这个形状有什么好处？ （3）你觉得这个消毒剂制备装置可能有哪些不足？怎样改进？ 3.【对比小结】	1.【观察】发现红色飘向阳极后颜色消失了。发现阳极产生的气体体积变小。 【讨论】【推测】阳极有未知的以氯气为原料的反应发生。溶液酸碱性发生了变化，所以褪色。 【方案】①在试管中向氢氧化钠溶液中滴加几滴酚酞；②在此试管中再滴加少量氯水，直到红色刚好褪去；③重新滴加酚酞，此时溶液不变红说明溶液因为氯水原因已呈中性或酸性。推测氯水与氢氧化钠发生了反应。 2.【观察】 （1）观察找到这个实际装置与之前老师演示的电解饱和食盐水装置的异同点。 （2）认识到，装置内首先发生了电解饱和食盐水的反应。 3.【交流】 （1）阳极在下面是为了使氯气与氢氧化钠充分反应。 （2）电解槽长一些，能增加氯气与氢氧化钠反应的时间。 （3）可能有余氯飘散出来，没有处理的氢气也可能发生爆炸。改进：加装尾气吸收装置；装警报器等。 4.【学案】完成学案表格，对比电解水与电解饱和食盐水的异同

活动意图说明：

设定这个环节，来发展学生选择模型解释实际问题和基于实验事实得出结论的能力。

对应的核心素养：证据推理与模型认知、科学探究与创新意识

环节四：为了防止氯气与碱反应，在实际过程中应如何操作呢？

1.引入：离子交换膜电解法简介。

如下图所示，这里的离子交换膜把电解装置分为阳极区（左边）和阴极区（右边），它只允许阳离子通过，不允许阴离子和气体分子通过。所以，在电解过程中，氯离子就不会进入阴极区，从而使阴极区的氢氧化钠比较纯净。由于气体分子不能通过离子交换膜，所以阳极产生的氯气就不会进入阴极区与氢气或氢氧化钠反应。

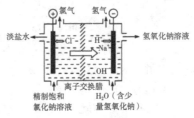

（离子交换膜电解法）

2.在氯碱工业的发展史上，也曾使用过立式隔膜电解槽（如下图）。

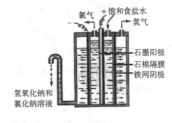

（立式隔膜电解槽）

六、教学反思

　　膜电池是学生判断的难点。同样的内容在不同的班级上课效果差异很大。所以对于教学过程中的问题情境的设计，当学生基础较好时，完整的问题链条显得过于啰唆，学生能直接就主问题进行全面合理回答；而对于基础比较差的学生，则又需要更多的引导。设计的问题应该有助于启发学生、帮助学生克服障碍点，因而问题情境的实际使用应该是灵活的。可以根据不同层次的学生的反应选用一些，或删除一些，又或者补充一些。所以，设计时要以基本的知识体系逻辑关系为准绳。课堂讨论是学生自主学习、发展自我个性的环节。讨论时优秀学生努力回忆知识寻找论据，自然而然地进行了知识的内化、结构化，达到了比较好的学习效果，较传统的教师知识总结有着巨大优势，但对普通学生，教师要发挥好自身引导深入学习的作用。

　　随着人们环保意识的加强和膜技术的快速发展，离子交换膜技术在电化学和水处理中的应用越来越引起人们的重视。离子交换膜技术具有工艺简单、能耗低、污染少等优点，必将在人类活动的相关领域得到广泛的应用，可以鼓励学生未来进行这方面技术的更深层次的研究，培养学生社会责任感。

基于化工生产情境的高三复习课教学实践

——以"铝及其化合物"为例

广东省惠州中学　高天爽

一、问题的提出

新课标明确指出："教师在教学中应重视创设真实且富有价值的问题情境，促进学生化学学科核心素养的形成和发展。"并且在课程内容中将"情境素材建议"列成了单独的模块。同时《中国高考评价体系》中也提出："情境是实现价值引领、素养导向、能力为重、知识为基的综合考查的载体。"由此可见，基于真实的问题情境进行的教学和考试命题已经成为教育教学及考试领域落实核心素养和测评学科能力的重要手段和实现形式。

真实的问题情境中包括化工生产情境，其可理解为以化工生产知识为载体呈现新的学科问题，通过学生综合分析、提取实质性信息，探索知识并整合知识解决问题的一种场景。通过查阅文献发现，与化工生产情境相关的化学教学甚少，说明以此为主题的研究不多。而纵观近年高考试题，化工流程题基本上成为必考题，化工生产情境往往出现在化工流程题中，综合考查学生对元素化合物知识的掌握程度及运用化学知识解决实际问题的能力。学生普遍在这道题目上得分率偏低，较多学生反映出了"自己做题不知道该如何考虑""看到陌生情境比较害怕"等问题，因此有必要在一轮复习中开展基于化工生产情境的复习课。

在一轮复习课中，选择从铝土矿提取铝这一真实的化工生产情境作为载体进行教学，一方面是因为在高考中对于铝及其化合物的考查往往出现在化工流程题中，并且考查频率极高，这样有利于贴合高考的考查要求，帮助学生适应高考出题的倾向；另一方面这一真实的化工生产情境中蕴含了大量与铝及其化合物有关的知识，不仅能帮助学生复习巩固基础知识，而且能够将化学知识与化工生产联系起来，提高运用化学知识解决实际化工生产问题的能力。

二、教学目标设计与教学流程

（一）教学目标设计

基于新课标和高考评价体系的要求，并结合学生实际，确定的教学目标如下。

（1）通过分析酸、碱溶解法提取金属铝的过程，回顾铝及其化合物的相关知识，掌握铝及其化合物之间的转化关系。

（2）通过建构研究金属化学性质的认知模型和铝三角的转化模型，提高基于认知模型分析问题和解决问题的能力。

（3）通过对化工生产问题的分析和介绍，体会化学知识与化工生产问题之间的联系，提高运用化学知识解决实际化工生产问题的能力。

（二）教学流程

本节课主要围绕铝土矿中提取铝这一化工生产情境展开，并将这一化工生产情境拆分成三个子化工生产情境，即"酸溶法提取氧化铝""碱溶法提取氧化铝""电解法提取金属铝"来开展教学活动。在每个化工生产情境中，精心设计与化工生产相关联的问题启发学生深入思考，引导学生运用已有知识，联系工业生产实际，综合解决实际工业生产中的问题。具体教学流程如图4-2-3所示。

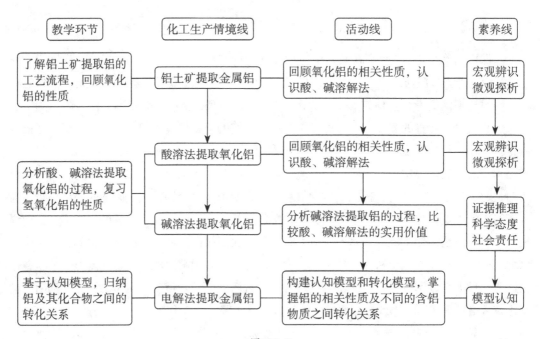

图4-2-3

三、教学活动设计与实践

环节一：了解铝土矿提取铝的工艺流程，回顾氧化铝的性质

新闻报道：据世界矿产生产报告显示，2016年中国已成为世界上最大的铝生产国，占世界总份额的55%。但是想要生产高纯度的铝单质，要求氧化铝的纯度不低于98.2%，而天然铝土矿中氧化铝的含量为50%～70%，远远满足不了需求。

教师：需要通过工业生产从铝土矿中进一步提纯氧化铝再来制备金属铝单质。从铝土矿（主要成分是Al_2O_3，含有SiO_2、Fe_2O_3等杂质）中提取铝的两种工艺流程如图4-2-4所示。

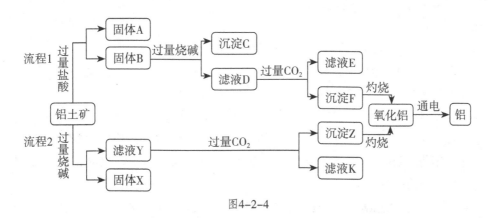

图4-2-4

教师：请同学们分别书写流程1加入盐酸过程中和流程2加入烧碱过程中的离子方程式。

书写方程式：

流程1：$Al_2O_3+6H^+=\!\!=\!\!2Al^{3+}+3H_2O$，$Fe_2O_3+6H^+=\!\!=\!\!2Fe^{3+}+3H_2O$

流程2：$Al_2O_3+2OH^-=\!\!=\!\!2AlO_2^-+H_2O$，$SiO_2+2OH^-=\!\!=\!\!SiO_3^{2-}+H_2O$

思考：氧化铁是碱性氧化物，只能溶于酸；二氧化硅是酸性氧化物，只能溶于碱；为什么氧化铝既能溶于酸也能溶于碱呢？

学生：因为氧化铝是两性氧化物，兼具酸性氧化物和碱性氧化物的特征，既能和酸反应，又能和碱反应。

介绍：通过氧化铝是两性氧化物的性质，可知从铝土矿中提取铝有两种方法：酸溶法和碱溶法，这也是工业生产中经常会用到的两种溶解物质的方法。在工业生产中，酸溶法一般用于溶解金属及其氧化物，如铁及其氧化物等；碱溶法一般用于溶解铝及其氧化物、二氧化硅和油污等。而溶解法一般位于原料的预处理阶段，是化工生产的第一步。

设计意图：通过从铝土矿中提取氧化铝并制备铝单质的工艺流程，将学生所需要复习的有关铝及其化合物的知识与真实的化工生产情境联系起来，能够调动学生的复习兴趣；通过对工艺流程中第一步的纵向比较，重点突出氧化铝作为两性氧化物的性质，并由此介绍化工生产中两种常见的溶解方法，有利于学生初步体会化学知识与化工生产之间的联系。

环节二：分析酸、碱溶法提取氧化铝的过程，复习氢氧化铝的性质

（1）酸溶法

教师：分析酸溶法的化工流程，当向滤液B中加入过量烧碱溶液时，沉淀C与滤液D的主要成分是什么？

学生：沉淀C是$Fe(OH)_3$，滤液D的主要成分是$NaAlO_2$。

驱动性问题1：是否可以把流程中"加过量烧碱溶液"改为"加少量烧碱溶液"或是"加过量氨水溶液"？如果不可以，请说明理由。

学生：都不可以，如果用上述两种溶液，沉淀C均为$Fe(OH)_3$和$Al(OH)_3$组成的混合物，无法实现Al和Fe的分离，从而导致产品不纯。

教师：继续向滤液D中通入过量的CO_2会发生什么反应？如果改为向滤液D中通入少量的CO_2会发生什么反应？

书写方程式：

过量CO_2：$AlO_2^- + CO_2 + 2H_2O = Al（OH）_3\downarrow + HCO_3^-$

少量CO_2：$2AlO_2^- + CO_2 + 3H_2O = 2Al（OH）_3\downarrow + CO_3^{2-}$

驱动性问题2：分析上述两个过程，哪个过程在实际化工生产中更实用？

学生：过量的二氧化碳更实用，有利于$NaAlO_2$完全转化为$Al（OH）_3$。

驱动性问题3：是否可以把"通入过量的二氧化碳"改为"加入盐酸溶液"？

学生：不行，盐酸的量不容易控制，稍微过量，可能会有部分$Al（OH）_3$转变为Al^{3+}，最终会降低氧化铝的产率。

驱动性问题4：请总结一下在化工生产中对于加入反应物的要求。

学生：首先，能够通过化学反应实现目标产品的分离提纯；其次，尽量不要产生新的杂质，避免降低目标产品产率；最后，要求加入的反应物要适当过量，以便提高目标产品产率。

总结：通过对上述分析可知，在化学性质方面，$Al（OH）_3$属于两性氢氧化物，一般溶于强酸溶液和强碱溶液，不溶于弱酸溶液和弱碱溶液。因此在医疗方面常用作胃药来中和胃酸。

复习：在物理性质方面，$Al（OH）_3$是一种白色胶状难溶于水的固体，其胶体具有很强的吸附能力，能凝结水中的悬浮物使之沉降，因而常用作净水剂。

思考：$Al（OH）_3$有如此多的用途，我们该如何制备呢？请同学们通过上述工艺流程，总结$Al（OH）_3$的制备方法。

学生：

方法一：$Al^{3+} + 3NH_3\cdot H_2O = Al（OH）_3\downarrow + 3NH_4^+$

方法二：$AlO_2^- + CO_2 + 2H_2O = Al（OH）_3\downarrow + HCO_3^-$

方法三：$Al^{3+} + 3AlO_2^- + 6H_2O = 4Al（OH）_3\downarrow$

设计意图：以酸溶法的工艺流程为背景，通过驱动性问题组启发学生深入思考，让学生运用氢氧化铝、铝盐与偏铝酸盐的相关知识解决问题，有利于学生充分复习相关知识，并能够将所掌握的化学知识运用于解决真实的化工生产问题中，对化工生产的问题形成结构化认识。

（2）碱溶法

教师：分析碱溶法的化工流程，当向$NaAlO_2$和Na_2SiO_3的混合溶液中通入过量的CO_2，会生成什么产物呢？

学生：会生成沉淀$Al（OH）_3$与H_2SiO_3。

教师：将二者灼烧会产生沉淀，其主要成分是什么？这样获得的产品纯净吗？

学生：会得到Al_2O_3与SiO_2的混合物，产品中有SiO_2的杂质，因此产品纯度不高。

思考：在通电制备铝的过程中，SiO_2的存在会不会影响制备金属铝呢？

资料卡片1：电解的温度在1000℃左右，SiO_2的熔点为1670℃。

学生：因为SiO_2的熔点比电解温度高，因此不会影响制备金属铝的过程，但是产物铝和二氧化硅都是固体，没有成功分开会使产品中存在杂质。

资料卡片2：实际上，土矿中的SiO_2与少量的Al_2O_3和$NaOH$反应生成难溶的铝硅酸钠，过滤后，二氧化硅根本未进入后续反应，不会有影响。

思考：从化工生产的角度看，你认为是酸溶法更具有实用价值，还是碱溶法更具有实用价值？请说明理由。

学生：碱溶法更有价值。理由是：第一，碱溶法步骤较少，有利于节约药品，降低生产成本，提高经济效益；第二，碱液对设备基本没有腐蚀性，可以减少对器材的损耗；第三，大量的盐酸有挥发性，容易造成环境污染。

总结：在工业生产背景下，我们要综合考虑经济效益、环境保护、产品产率等问题，多角度全面地思考工业生产中的问题。

设计意图：通过对碱溶法的分析，首先，能够帮助学生解决认知困惑，从而使学生对碱溶法的过程形成正确科学的认识；其次，通过提供信息，引导学生基于证据进行推理，有利于培养学生综合运用信息解决实际问题的能力；最后，通过酸溶法与碱溶法的分析比较，使学生能够全面综合地考虑化工生产问题，落实科学态度与社会责任的化学学科核心素养。

环节三：基于认知模型，归纳铝及其化合物之间的转化关系

教师：如何将氧化铝转化为纯净的铝单质呢？

书写方程式：$2Al_2O_3（熔融）\xrightleftharpoons[冰晶石]{通电}4Al+3O_2\uparrow$

教师：因为铝是自然界中含量最丰富的金属，这也决定其在生产生活中有着很重要的应用。常用来制作铝合金、导线和锡箔纸等。

复习：从上述金属铝的用途可知，在物理性质方面，铝是一种银白色的金属，有良好的导电性、导热性和延展性，密度小、质量轻。

建构模型：从梳理总结研究金属的化学性质的视角，类比推理出研究铝的化学性质的视角，具体内容如图4-2-5所示。其中除了普遍性规律外，铝的化学性质有一个特殊性质——铝不与水反应，而与金属氧化物发生铝热反应。

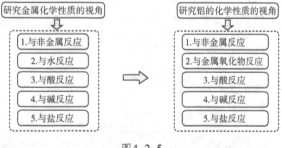

图4-2-5

总结：通过梳理铝元素在工业流程中的转化过程，构建铝三角模型，具体内容如图4-2-6所示。

设计意图：通过建构研究金属化学性质的一般认知模型，有利于学生掌握金属化学性质的普遍规律，同时强调涉及的具体金属，其化学性质中也有特殊性质，有利于学生认识到金属的化学性质既有普遍性又有特殊性；通过构建铝三角的转化模型，重点突出铝的化合物具有两性的特点以及不同含铝物质之间转化的数量关系，体现了定性与定量结合的思想。

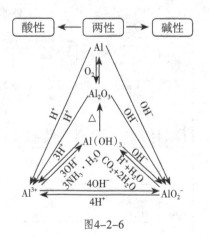

图4-2-6

四、教学反思

本节课从铝土矿中提取金属铝这一真实的化工生产情境展开教学，将对铝及其化合物的复习任务置于真实特定的情境中，不仅有利于激发学生的复习兴趣，还有利于学生将已有知识与工业生产问题相联系，理论联系实际，多角度地综合考虑化工生产问题，为后续学生认识化工生产问题做铺垫。从教学过程来看，以下两个方面值得反思和改进：第一，针对部分工业生产问题，学生在回答后，教师若能提供思考的角度，更有利于提高学生的认知水平；第二，在构建模型时，应该更多地发挥学生的主观能动性，并应该进一步体现模型的应用价值。

建立化工流程思维模型　落实学科核心素养

——以"海水资源的开发利用"为例

广东省惠州市仲恺中学　黄秀金

一、落实学科素养，建立工艺流程思维模型的教学结构设计

依托真实情境，发现并提出问题，开展活动探究，解决实际问题，发展学科核心素养。在情境中提出问题，在活动中解决问题，在应用中评价问题，落实了"教—学—评"一体化。本文以海洋资源工业产品开发为教学主线进行设计，从化学学科的角度对海水资源开发利用进行探究，在探究中发展学生的思维，将目光聚焦在化学资源开发的工艺生产思维模型的建立上（图4-2-7）。

		设置情境提出问题		学习活动解决问题		课堂应用评价问题
		情境线	问题线	活动线	方法线	评价线
情境创设		图片：惠州本土海洋资源"双月湾"介绍我国有丰富的海洋资源	海水中有哪些可以利用的资源？	学生思考、讨论并回答问题	情境创设讨论学习	学生从真实情境出发分析回答具体原因
引入模型		海水资源：水资源和矿物资源	水资源如何使用？水被提取后，还剩余大量的什么？海水中矿物资源如何开发？	学生思考并讨论	交流讨论，思考，查阅资料	学生能回忆起来初中所学的蒸馏知识，能清楚回答粗盐提纯的方法与过程
引入模型		溴元素的发现史；溴元素在社会中的应用	溴元素存在于自然界中的哪里？要想工业提取溴，如何提取？	学生思考交流，阅读课本P101	交流讨论，思考	学生能通过阅读、讨论、初步认识工艺流程
模型辨析		教材中P101页的思与讨论	如何把Br转化为Br_2？如何把工艺流程图画出来？	学生思考，并书写相应的方程式，画出工艺流程图	思考，小组合作交流，讨论	学生能写出相关氧化还原反应方程式：能画出基本的海水提溴的工艺流程图
建立模型		自然界物质提取的一般流程和方法	①原料预处理，②物质转化，③产品分离。需要考虑哪些问题？运用什么知识、方法？	学生思考、讨论，并写出自然界物质提取的一般流程和方法	学生先独立思考再小组讨论，再得出结论	学生基本上能归纳总结自然界物质提取的一般流程和方法
模型应用		随堂针对练习和学以致用	海水提Mg要经过哪些工艺流程？请大家画出来	学生思考，并写出提取Mg工艺流程模型	思考，小组合作，交流，讨论	建立工艺生产模型的思维

图4-2-7

二、情境创设，为建立工艺流程思维模型提供依托

在教学中恰到好处地结合生活实际创设问题情境，营造愉快的课堂氛围，帮助学生轻松地掌握相关知识，让学生产生深入探索"为什么"的愿望，能激励学生进行深度思考，让学生通过学习知识最终解决问题，是培养学生化学学科核心素养行之有效的手段之一。

教学环节一：海水资源引入新课

情境创设：涌动的海水动图以及图片资料展示惠州美丽的双月湾。

教师活动：我国海洋资源丰富，而惠州地处华南沿海，有丰富的海洋资源。了解海洋资源、开发海洋资源是建设海洋强国的重要组成部分。我们中学生是祖国未来的希望，我们就从这节课开始好好学习海洋资源的开发，以期将来为祖国未来发展尽自己的一份力量。

教学环节二：海水淡化

教师讲解与设问：本节课我们主要来探讨水资源和化学资源的开发利用。海水中含有大量的水，这些海水可以直接利用吗？

情境创设：图片资料展示惠州大亚湾核电站。

教师活动：大亚湾核电站是直接利用海水进行降温的，此外，还可以通过海水淡化技术获取淡水。地球表面虽然有70%的面积被水覆盖，但其中97%是海水，通过海水淡化，可以解决人类淡水紧缺的问题。介绍海水淡化的方法，主要复习初中学习过的蒸馏法。

学生活动：在学案上把实验室蒸馏装置的关键仪器和注意事项一一列出。

教学环节三：海水制盐

情境创设：以海水晒成一堆堆白花花的盐的图片展示，引出海水化学资源开发利用的知识点：海水制盐。

教师活动：海水淡化后可以获得粗盐，粗盐是如何提纯的？海水除了获取NaCl外是不是还可以获得其他化学产品呢？

学生活动：在学案上写出粗盐提纯的流程。

设计意图：利用学生熟悉的惠州有名的旅游景点双月湾、惠州大亚湾核电站、海水晒盐等情境，让学生从身边的事物进入学习主题的思考，能很好地提升学生课堂专注度，深入地思考情境问题，实现了化学和生活的紧密联系。运用学生已掌握的必备知识在课堂教学中进行过渡，创设生活化的问题情境，既锻炼了学生的知识运用能力、思考探索能力，也为后面海水提溴提供了流程参考，培养和落实了学生的科学精神与社会责任学科核心素养。

三、建立工业流程图模型，落实化学学科核心素养

流程图是人们解决问题方法、思路的一种体现。但是，高一学生知识体量较小，接触化学时间较少。通过课堂教学，帮助学生建立工业流程图的模型认知，将有助于学生在以后的学习中，面对陌生情境或问题时，提高解决问题的效率，提升创新能力。通过课堂教学及学生在之前学习的氧化还原反应、离子反应等必备知识的基础上，让学生认识到物质之间的相互转化关系，建立起解决问题的一般思路和方法，培养由浅入深的高阶思维。

教学环节四：海水提溴

情境创设：展示课本"海水的综合利用示意图"；分享溴的发现史、溴在社会生活中的用途、地球中溴在海洋中的含量，引出海水提溴。

工业流程图构建：利用教材第101页的思考与讨论，引导学生思考海水提溴的反应原理并写出相关的离子反应方程式，参考文中给出的提溴流程，学生在学案上画出海水提溴的工艺流程图（图4-2-8）。

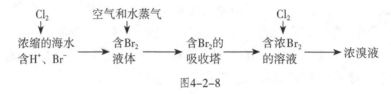

图4-2-8

教师活动：简单介绍海水提溴的步骤和原理，并展示几种溶液中Br^-的浓度，引导学生思考如何优化流程，从而得出海水提溴实际上的思路为：浓缩 ⟶ 氧化 ⟶ 富集 ⟶ 目标产品。

学生活动：建立模型——自然界物质提取的一般流程和方法（图4-2-9）。

目标	关键问题	知识、方法
原料预处理	如何选取原料？如何处理原料？	1.从资源、成本角度考虑。2.从反应速率、提高效率角度。
物质转化	如何选取氧化剂？还原剂？原料⟶产品如何控制反应条件？	1.从元素价态的角度分析是否需要氧化剂或者还原剂。2.从成本、环保的角度选取最合适的试剂。
产品分离	如何分离出产品？物料是否能够循环使用？	根据目标产物的性质及含量,选取合适的分离提纯方法。

图4-2-9

设计意图：将教材视为问题情境有效设计的基础条件，让学生对知识有宏观的认识，初步建立工业流程图的模型，同时，让学生在已掌握的必备知识的基础上进行层层推进，步步深入地讨论、探究，使学生清晰认知模型，培养学生在自制化学探究模型中的辨识能力，从而落实模型认知和证据推理的化学学科核心素养。

教学环节五：学以致用，工艺流程图的应用

教师活动：海水资源丰富，学习了海水提溴的工艺生产流程，如果要海水提Mg，我们又该怎么做呢？请大家依据刚刚学过的"自然界物质提取的一般流程和方法"，画出海水提Mg的工艺流程图。

学生活动：学生思考并书写海水提取Mg的工艺流程图并写出流程中涉及离子反应方程式。

设计意图：进一步落实"自然界物质提取的一般流程和方法"的模型认知，也锻炼了学生的探索能力、应用能力、综合能力，进一步落实了化学学科核心素养。

四、建立化工流程思维模型，落实学科核心素养的教学反思

（一）紧密联系生产生活实际，创设了丰富多样的真实问题情境

"海水资源的开发利用"课程的教学设计，从不同的角度选取了双月湾、大亚湾核电站、海水晒盐、溴的发现史、溴在社会生活中的应用等情境，让学生在思考和讨论中感受化学的魅力，让我们的学生真正地喜欢上化学，能以积极的态度认识化学、学习化学。将身边的化学作为情境线贯穿知识线，能够让学生快速进入思考探索的状态，有利于学生综合能力的增强和思维的拓展，让学生在遇到化学问题时，可以通过观察、分析、探究来解决问题。

（二）注重教材的深广度，落实学科核心素养

教学中，本节课在学生已有的知识基础（氧化还原、离子方程式书写、粗盐提纯等）上，深挖教材中"海水的综合利用示意图"以及思考与讨论，深入学习海水提溴的工艺流程，并依托此流程，引导学生总结自然界物质提取的一般流程和方法。整节课层层递进，不断引导学生进行证据推理、思考、画图，相信学生，突出学生的主体地位，重视培养让学生自己去发现问题、解决问题和归纳问题的能力，最后实现了模型的构建，落实了模型认知和证据推理的学科核心素养。

基于STEAM教育及绿色化学理念浅谈构建高中化学新型教学模式

广东省惠州市实验中学　陈淳

一、STEAM 教育

（一）STEAM教育简介

STEAM是Science、Technology、Engineering、Art、Mathematics的缩写，是集科学、技术、工程、艺术、数学于一体的多学科交叉融合的教育模式。

我们可借鉴格雷特·亚克门教授团队提出的"STEAM 教育教学过程卡"（图4-2-10）进行理解。

要素与材料 有什么 （科学）	设备 用什么 （技术）	过程：做什么（技术与工程） 输出：结果是干什么 （技术与工程）	
发现学什么 观点：关于它我该怎么思考？ （艺术） 兴趣：最有趣的点		姓名 日期　（促进活动进行的建议） 主题 *将图片、算术和笔记记在背面	

图4-2-10

（1）学生要在弄明白探究项目原理的同时，了解清楚可以用什么设备。

（2）学生在"做什么"的过程中，要团队协作、相互配合、共同完成。

（3）要认真记录相关数据，观察、思考数据间的联系。

（4）探究活动完成之后，要进行复盘反思，收获自己这场体验的成果。

STEAM 教育的特点是使五门课程有序地结合，打破了分科教育的弊端：以解决真实问题为驱动，以项目式学习的方法展开团队合作探究活动，培养学生应具备的适应社会发展需要的创新素养。

（二）笔者对STEAM的理解

STEAM是跨学科教育，学生在解决具体的任务中学习，学生为主导，教师是引导。教师抛出学习内容、学习任务，提供一些学习资料，提供知识支持、技术支持；学生团队自行探究学习，找出各自团队要解决的问题，设计团队学习方案，之后在进行项目学习中不断适时调整方案、学习方法，最后从"艺"的角度独立思考，整合成果。

STEAM的学习方式是多元的。不同学科，STEAM应有不同的学习方式，就算是同一学科，不同的学习内容，STEAM的学习方式也是不同的。同一学习任务，不同班级，学生学情不同，STEAM的学习方式不同，教师本身要具备较硬的专业知识，根据不同学情把探究的问题进行不同程度的精细化设计，习题设计也要有层次性。

二、绿色化学

（一）绿色化学的含义

绿色化学又称环境友好化学。绿色化学中的"绿色"不是指颜色是绿色的，是指对环境没有污染的。绿色化学蕴含"原子经济利用率100%"的思想，即原料中的所有原子都转化为产物；循环利用对环境没有毒害的原材料，在反应过程中尽量减少甚至不对环境排放有毒、有害的物质，给自然环境、社会环境、人文环境生产健康的产品。

（二）中学植入绿色化学理念的必要性

将绿色化学思想植入中学化学课堂，加强中学生的环保理念，有助于我们对污染治理从治标转向治本。

三、构建高中化学新型教学模式

基于STEAM教育，结合绿色化学思想，且有相应的"硬件"及"软件"支持，笔者认为可以打造高中化学新型教学模式。

（一）创设新型教育教学环境

高中化学新型教学模式的建立需要必要的教育教学环境，这是构建新型教学模式的"硬件"。

1. 学校新型教育氛围的营造

先通过海报等，面向全校师生大力宣传STEAM教育及绿色化学，让大家清楚明白STEAM的教育模式、特点及绿色化学的含义。

学校定期邀请相关博学能士面向全校师生开讲座。这里的博学能士可以是大学教授、中学老师，甚至是优秀中学生等；讲座的内容着重STEAM教育及绿色化学的重要性及普及的必然趋势。

抓好学校学生会会长、校学生团委、学生社团社长对STEAM教育及绿色化学的正确认识，要求他们以身作则，以优秀带动优秀。

2. 新型教育的班级建设

第一，班级文化的建立：树立STEAM意识、环保意识及绿色理念。

第二，构建恰当的探究学习团队，让学生个体间的竞争转变为团队内合作、团队间竞争，培养学生的团队精神。

探究学习的团队成员的恰当组建是确保公平竞争的关键。每一个团队、相同的学习水平（即优中差搭配一致）、性格能力互补，成员要有共同的学习兴趣，要有大致相同成员名额（男女搭配合理）。

探究学习团队应建立队目标，形成独特的团队文化。

探究学习团队应设置团队长、团队内学科长。队长建议由教师指定自律性好、领导能力强的优秀学生担任，除了管理纪律，还要充分调动队员积极向上精神、协调队员间友好配合。其他队员担任团队内学科长，确保每个同学都至少担任一科的学科长，主要负责学科的STEAM学习、学科主讲人、STEAM学习过程记录；这样确保每个学科都有学生主动参与，班里每个同学都是学科长，每个同学都能主动学习、主动思考，每个同学都成为某学科某项目的主导人。

第三，提供具体的评价考核内容，制定详细的评分细则，建立捆绑式奖惩的团队评价机制，奖惩明确。以团队为单位，荣辱与共，有助于队员间相互帮忙、相互监督。

（二）打造新型化学教师

教师教书育人，桃李满天下。高中化学新型教学模式的建立需要打造新型化学教师，这是构建新型教学模式的"软件"。

首先，教师需要提升自己的专业知识和计算机等技术的水平；钻研化学教材，深入了解高中化学有哪些知识与哪些学科有怎样的联系。比如，《化学：选择性必修3有机化学基础》第四章生物大分子涉及生物学科等。

其次，基于STEAM教育及绿色化学思想，创设真实的教学情境，编写教学设计，精心备课。

再次，教师需要对学生有正确的学情分析，并给出合理的探究任务。

最后，教师要有教学中学生可能出现的随机问题的预案，能提供相关学习资料和必要的技术支持。

新型教师队伍构建完成，优秀的新型教师可以培养更优秀的学生。

（三）新型学生的培养

子曰："我欲仁，斯仁至矣。""为仁由己，而由人乎哉？"一个人最终只能靠自己变成有德之士。新型学生的培养重在唤醒学生学习化学的内在动力，变"老师给的学习任务"为"学生想要解决什么问题、怎么解决问题"。

第一，让学生在生活中发现化学，并带着自己想解决的问题进行团队探究。例如，绿色出行，分类处理生活垃圾，装修涂料，化妆品等与化学相关，它们涉及哪些化学知识？

第二，开展化学科技节，介绍、展示且让部分学生参与化学魔幻小实验，激发学生的化学学习兴趣，并从实验入手进行绿色意识教育。

第三，组织学生参观化工厂及大学实验室，向学生介绍化学界重要的奖项，如诺贝尔奖等，让学生感受化学的魅力。

（四）高中化学新型教学的实施

1.高中化学新型教学模式

基于STEAM教育结合绿色化学思想，设计如下教学。模式：①教师创设STEAM化学教学情境→②师生认真学习相应的化学知识→③教师提出探究任务或学生提出学习疑难→④各学生探究学习团队初步设计解决方案→⑤师生互动解疑→⑥各学习团队成果展示→⑦教师点评及学生学习团队互评，整个教学过程注重绿色化学意识的培养。

2.高中化学新型教学案例——"氯气的性质"

【教学背景分析】

1.内容分析

氯气的性质是新教材第一册第二章第二节的内容，是元素化合物知识的重要组成部分，为学生学习其他元素及其化合物的性质奠定了基础。

2.学情分析

高一学生思维活跃，动手愿望强烈。

3.教学策略

实验探究式教学、学生合作学习以及结合多媒体辅助教学等策略。

4.技术准备

相应的PPT及学案、多媒体平台、氯气性质的实验视频、新制氯水成分探究的模拟实验视频。

【设计指导思想】

基于STEAM教育理念，本教学设计：一是依据《普通高中化学课程标准（2017版）》学业要求，学生必做的实验是氯气的制备及性质探究。二是依据"科学态度与社会责任"，在本节课渗透"绿色化学"理念。

【教学目标制定】

1.设定STEAM学习目标

（1）知识与技能（科学与技术）：

①能描述氯气的主要物理性质。

②知道氯气是一种很活泼的非金属单质。

③知道氯气有哪些化学性质、新制氯水有哪些成分。

（2）过程与方法（技术、工程和数学素养）：

①了解化学实验探究的方法与步骤。

②通过仔细观察，学会全面分析并记录实验现象。

③ 参与团队讨论，能提出自己的疑难并与团队合作解决问题。

情感、态度与价值观（艺术，完成探究学习中必备的品格）；

树立关心生活，关心社会的态度，具有环境保护的意识。

2. 教学重难点

氯气化学性质与氯水成分的分析。

【教学框架设计】

1. 教师创设STEAM化学教学情境：生活实例"养金鱼的水"，引入新课。

2. 师生认真学习相应的化学知识：氯气的性质。

3. 教师提出探究任务或学生提出学习疑难：氯水成分有哪些？

4. 各学生探究学习团队初步设计解决方案。

5. 师生互动解疑。

6. 各学习团队成果展示：新制氯水及久置氯水具有的成分。

7. 教师点评及学生学习团队互评，整个教学过程注重绿色化学意识的培养。

【教学过程】

创设STEAM化学教学情境	设计意图
【生活情境】你养过金鱼吗？养金鱼的水要先在太阳下晒一晒，你知道为什么吗？	燃起学生学习欲望

师生认真学习相应的化学知识	设计意图
【展示】一瓶氯气图片及氯气与水溶解性实验图片。 【提问】 1. 氯气的物理性质？ 2. 实验氯气的溶解性。	通过认真观察，学生可以掌握简单知识点，以学生为主体。
【小结】并【板书】 氯气的物理性质：黄绿色、有刺激性气味、有毒、密度大于空气、易液化、能溶于水。	教师板书梳理知识点
【预测】我们学习过非金属单质O_2和H_2，Cl_2与谁更相似？ 【学生】回答Cl_2与O_2相似。 【PPT】Cl与O的原子结构相似。 预测：氯气可与金属、非金属单质反应。	触类旁通，提醒学生思考方向。
【播放氯气与Fe、Cu、H_2反应实验视频】 【小结】 表格如下	小结由学生回答，锻炼学生口头表达能力

内表格：

实验内容	实验现象	生成物
Cl_2与Fe反应	剧烈燃烧，产生红棕色浓烟，产物水溶液呈棕黄色	$FeCl_3$
Cl_2与Cu反应	剧烈燃烧，产生棕黄色浓烟，产物水溶液呈蓝绿色	$CuCl_2$
Cl_2与H_2反应	（1）点燃时，安静燃烧，产生苍白色火焰，集气瓶口有白雾。 （2）光照时，爆炸	HCl

【思考】

1. 实验对应的方程式是？能否写出Cl_2与Na/P反应的方程式？

2.Fe的化合价为+2/+3，Cu的化合价+1/+2，根据氯气与Fe、Cu的反应生成的产物，说明有不同化合价的金属与氯气发生化学反应生成产物的化合价是高的价态还是低的价态。 3.什么叫燃烧？燃烧一定要有O_2？ 【讲述】氯气还可以与其他还原剂反应。 【板书】 氯气 1.物理性质 2.化学性质	学生先独立思考，学习团队共同探讨
教师提出探究任务或学生提出学习疑难	设计意图
【提问】氯气能与水反应吗？ 【思考】 1.若只是一个物理过程，此时氯水的成分是什么？ 2.氯水的颜色是黄绿色的，说明氯水中含有什么分子？由此，能否认为氯气与水没有发生化学反应？ 3.如果氯气和水发生化学反应，产物可能是什么？请设计实验方案进行检验	提供探究任务及思考方向
各学生探究学习团队初步设计解决方案	设计意图
【学生】在学科长的带领下，各探究学习团队探讨、交流、查阅资料，设计氯水成分实验探究方案	锻炼学生探究意识、交流、合作能力
师生互动解疑	设计意图
学生学习团队在探究中出现的疑难问题，教师提供相关学习资料和必要的技术支持。	培养学生发现问题与解决问题能力
各学生学习团队成果展示	设计意图
学生学习团队展示其氯水成分探究方案及实验探究成果	培养学生表达能力
教师点评及学生学习团队互评	设计意图
学生点评完毕。教师不仅要对团队进行整体评价，也要给每一个学生有价值的点拨	培养学生鉴赏能力

【教学反思及改进建议】

成功之处：基于STEAM教育及绿色化学理念进行本节课的学习，能够让学生知道氯气的性质跟氯水成分，熟记新制氯水成分，氯气性质方程式。通过思考、提问、学习团队共同探究等活动，引导学生建立新型的、适合自身的学习模式。

本节课为了落实绿色化学，所有的实验均采用模拟实验。

改进之处：课堂设计要更精练，争取更多的学生能亲自操作模拟实验。

四、结语

基于STEAM教育及绿色化学理念构建的高中化学新型教学模式是高效的，是符合时代人才培养需要的。学校应营造新型教育氛围，培养有内驱力的学生，教师创设STEAM化学教学情境，精心备课，选取有价值的问题给学生学习团队合作探究，引导学生团队合作，深挖学生的内在潜力，促使学生全方位综合发展、健康成长。

第一节　新课标理念下的高中化学实验
问题情境创新探索

广东省名教师工作室主持人　黄进添

化学是以实验为基础的学科。《普通高中化学课程标准（2017年版2020年修订）》提出，重视开展"素养为本"的教学，倡导真实问题情境的创设，开展以化学实验为主的多种探究活动，激发学生学习化学的兴趣，促进学生学习方式的转变，培养学生的创新精神和实践能力。为此，我们开展了新课标理念下的高中化学实验问题情境创新探索。开展研究探索实施以来，我们始终坚持研究做在课堂里、成果显现学生上的理念，取得了丰硕的成果，极大地促进了学生实验和实践能力的提高、化学学科核心素养的提升。

一、聚焦核心素养，探索成果丰硕

（一）理论成果

我们从理论上探讨了新课标理念下的高中化学实验问题情境创新的策略、途径和方法，提出了自己的教育理论，总结出高中化学实验问题情境创新的理论原则：实验创新的科学性、操作的可行性、过程的安全性、用品的简约性、思路的创新性、效果的启发性。同时提出了高中化学实验问题情境创新的五项策略：绿色简约，实验装置微型化；微量药品，环境影响无害化；一物多用，操作简单一体化；就地取材，仪器来源生活化；积极引导，实验过程探究化。根据化学学科核心素养"宏观辨识与微观探析、变化观念与平衡思想、证据推理与模型认知、科学探究与创新意识、科学精神与社会责任"五个维度要求，从实验仪器和实验装置的改进创新、实验药品的选取和对环境的影响、实验过程与操作方法的简便易行等三条途径进行高中化学实验问题情境创新，擘画了高中化学实验问题情境创新的顶层设计与实践线路图。编著了《高中化学实验问题情境创新设计案例集》，在全国中文核心期刊和省级期刊发表了《通过实验激励质疑　培养化学核心素养》等9篇论文，汇编了《新课标理念下的高中化学实验问题情境创新优质课的教学案例》，推广和应用我们总结的高中化学实验问题情境创新理论。

我们在师生共同参与实验创新的过程中，对全程渗透化学学科核心素养进行了理论和实践探讨。学生从宏观、微观的视角来认识各种化学物质，并且将不同视角的知识结合起来探析和解决实验设计问题，培养了宏观辨识与微观探析的素养；学生意识到化学实验变化是一个动态的过程，是一个不断产生新物质、消耗旧物质的过程，既受到现实条件的限制，也遵循一定的化学规律，形成了变化观念和平衡思想；学生结合自己所学到的化学知识，通过分析和推理，认识研究对象的本质及不同研究对象之间的相互关系，透过具体的实验现象，揭示化学实验背后的本质规律，培育了证据推理和模型认知的核心素养；学生从自己当前的学习现状出发，提出新型的学习思路，不断改良自己的学习模式，设计创新型的实验探究方案并不断实践，从而形成了科学探究和创新意识；学生不论是进行实验探究，还是在日常生活中，都要遵循绿色化学观念，坚持环保原则，既要具备探索未知化学世界的勇气，又要认识到可持续发展的价值，进而培养科学精神和社会责任。

1. 绿色简约，实验装置微型化——实验仪器和实验装置的改进创新

采用简约的实验仪器和实验装置。将实验所需的仪器及装置进行重新组合、拆分、简化，进而达到简单、微型的创新目标。其具有以下三方面优点：一是可简化实验装置，节约费用，仪器成本低，试剂用量少，能源消耗少；二是可节省空间，缩短试验时间，适宜在普通高中学校化学实验室进行；三是可减少污染，提高安全系数，有利于环境保护，并且实验现象明显，方便学生观察。

例如，在"钠与水反应实验装置的创新"中，工作室主持人黄进添老师通过对教材实验装置的创新改进，设计出一套集展示反应现象、收集气体、点燃气体于一体的实验装置（图5-1-1）。

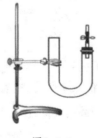

图5-1-1

实验创新设计后的优点表现在：组装方便，实验仪器简单。本实验装置分为两部分：特殊U形管、尖嘴导管构成的阀塞。实验仪器简单，可循环使用，降低实验成本。

操作简单，便于教师演示，该实验是将反应装置和气体的收集装置连为一体，利用产生的气体造成一定的压强，将压出的水储存在一侧较长的管内，同时将生成的气体储存起来。在气体点燃时，储水一侧的水被气体压出，有利于气体的点燃。因为起始液面等压，出气体时不至于将水压到容器外边，同时又将气体全部压出，不会残留。火苗的大小可通控制玻璃阀来控制，该装置的自动化程度比较高。

气体纯净，实验安全有保障。反应前，U形管中注满了水，迅速将放有钠的带有尖嘴的玻璃阀塞在U形管的一端，此时形成了充满水的密闭体系，生成的气体中不会混有空气。虽然钠与水反应是放热反应，但因生成的气体中没有混入空气不会发生爆炸。钠的用量只影响生成气体的量，不影响实验安全。

现象明显，便于学生观察分析。在进行该实验时，因为能收集到纯净的气体，点燃时可以看见气体安静地持续燃烧、有淡蓝色的火焰等明显实验现象，便于学生观察。根据实验现象，同学们可以得出钠与水反应生成了氢氧化钠和氢气，培养了学生的"证据推理与模型认知"和"科学探究与创新意识"的化学学科核心素养。

此外，工作室网络学员袁传能老师对苯的分子结构实验装置进行了创新（图5-1-2），用小药瓶代替试管，用医用一次性注射器代替胶头滴管探究苯在水中的溶解性，苯能够使溴水、酸性高锰酸钾溶液褪色，由于实验密封性好，避免了苯挥发造成的污染，且操作简单，便于教师演示。工作室入室学员洪文洁老师对氯气的实验室制备和性质检验实验装置进行了创新（图5-1-3），减少了实验仪器，操作简便，实验现象非常明显。

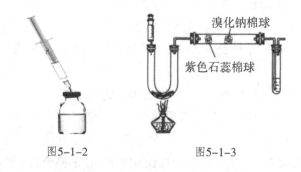

图5-1-2　　　　　　　　图5-1-3

2. 微量药品，环境影响无害化——实验药品的选取和对环境的影响的创新

在当前绿色环保理念主导下，实验创新设计纳入环境保护原则是应有之义。我们自始至终都围绕环保这一关键性目标进行不断的创新，选择化学药品时，我们一般会选择比较安全、环保并且费用比较低的药品，来替代毒性比较大、易燃、易爆并且成本比较高的化学试剂。在化学实验资源有效开发、合理应用以及对学生的科学引导上下功夫，真正实现化学实验污染减量化、环境友好化、操作规范化的总体教学目标。

例如，在"电解氯化铜溶液微型化实验创新"中，工作室入室学员许常桥老师为了让学生更好地理解电解氯化铜溶液时的电解产物、电解的基本原理，以及认识能量转化的一种形式——电能转化为化学能，设计了以π形四通管为装置主体的实验装置（图5-1-4）。

图5-1-4

在π形四通管横管内放置蘸有氯化铜溶液的棉花，两支管内放置湿润的淀粉碘化钾试纸，同时在上方都放置蘸有NaOH溶液的棉花。然后将连有电源的两根长铅笔芯平插入π形四通管横管内并接触上氯化铜溶液，以形成闭合回路。接通电源后，阳极区快速产生气泡，且π形四通管支管内的湿润的淀粉碘化钾试纸很快变蓝，由此现象，学生能准确地判断出该电极产物为氯气，电解过程中，也能很好地观察到阴极石墨棒上有红色物质析出，由此现象，学生能准确地判断出该电极产物为铜单质。实验创新设计后的优点表现在：

（1）实验装置简单新颖，避免了药品浪费，可用于多种溶液的微型电解，值得推广，尤其适合实验条件相对落后的农村中学。

（2）本实验采用微型实验装置，产生的氯气少且集中在π形四通管支管上方，方便检验，也容易处理，比较环保，符合绿色化学理念。

（3）改进后的实验装置两个电极距离近，克服了U形管装置电阻大的问题。通电后学生可以在短时间内获得清晰的两极现象，适合学生分组实验，能充分调动学生学习的积极性，提高他们"科学探究与创新意识"的化学学科核心素养。

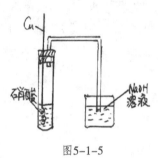

图5-1-5

此外，工作室网络学员曾娟老师对铜与硝酸反应实验装置进行了创新（图5-1-5），改进后的实验在全封闭和可控条件下进行的，能有效地防止毒气的任意排放，有利于保护环境和师生健康。该实验装置简单、操作方便、现象明显。通过这些绿色实验，培养学生的"科学精神与社会责任"的化学学科核心素养。

3. 一物多用，操作简单一体化——实验过程与操作方法的简便易行的创新

化学教学课堂上做实验时往往会花费不少时间。为此，我们需要在实验过程与操作方法上进行改进，使实验简便易行，同样能达到良好的效果。例如，在"碳酸钠、碳酸氢钠与盐酸反应实验装置的创新"中，工作室网络学员张露珍老师设计了一套微型化、简便化、易操作的实验新装置（图5-1-6），适合学生分组操作且具有创新性，可以充分对比碳酸钠、碳酸氢钠与盐酸反应。

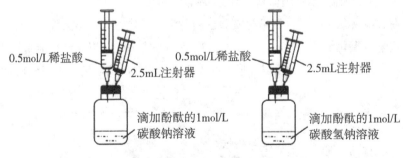

图5-1-6

她在两个干燥洁净的10mL青霉素瓶子中分别加入1mL滴有2～3滴酚酞的1mol/L碳酸钠、碳酸氢钠溶液；在两支5mL注射器的针管中分别加入4mL 0.5mol/L的盐酸，针头穿过青霉素瓶橡胶塞。同时另取两支2.5mL注射器，针头穿过青霉素瓶橡胶塞，推动5mL的注射器往青霉素瓶子中逐滴滴加盐酸，观察现象。待2.5mL注射器中的活塞上升后，将2.5mL注射器中收集到的气体注入1mL的澄清石灰水中，观察现象。实验创新设计后的优点表现在微型化、简便化、操作简单、现象明显。利用上述创新装置开展分组实验教学，让每个学生都有机会深入参与实验过程，可以提高学生的探究能力、增强实验教学的有效性。同时能最大限度地发挥实验教学在提升学生化学学科核心素养方面的作用。

另外，工作室网络学员陈月香老师开展了二氧化硫的制备及性质的一体化创新实验（图5-1-7），把实验装置封闭化，防止二氧化硫的泄漏；用不同试纸或沾有溶液的试纸来检验二氧化硫的各种性质；硫酸溶液与亚硫酸钠的反应体系与品红溶液分隔开，可以顺利地让二氧化硫与品红溶液反应，又可以通过加热使其恢复红色，验证二氧化硫漂白作用的可逆性；用氢氧化钠溶液来吸收多余的二氧化硫，防止二氧化硫污染空气；气体发生和性质在同一空间内完成，最大限度地减少药品的用量，实验过程只需用到0.6mL的硫酸溶液，环保又节约。改进后的装置具有"一体化、绿色化、微型化、多置归一"优点。学生根据实验现象得出二氧化硫具有酸性氧化物的性质，还具有还原性、氧化性、漂白性，并且其漂白作用是可逆的，培养学生"变化观念与平衡思想"和"科学探究与创新意识"的化学学科核心素养。通过实验改进，让学生体会到实验探究的乐趣，既提高学生的环保意识，又培养学生"科学精神与社会责任"的化学学科核心素养。

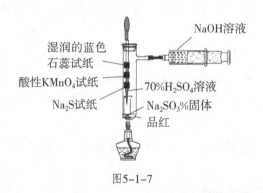

图5-1-7

4. 就地取材，仪器药品来源于生活——创造性地增设与生产生活实际联系紧密的实验

化学源于生活，又服务于生活。我们在教学中一直坚持把化学知识与实际生活联系起来，创造性地增设课本没有的但又与生产生活实际联系紧密的实验，增强学生对于化学是应用性学科的观念，培养学生的科学精神与社会责任。

例如，在"84消毒液漂白原理的实验探究"中，工作室入室学员徐琴老师通过探究84消毒液使酚酞溶液褪色的原因来寻找84消毒液的漂白原理设计创新实验。在实验的探究活动中，先引导学生从价类两个角度预测消毒液的性质——氧化性和碱性，学生进行小组讨论，设计实验验证84消毒液的氧化性和碱性。再通过酚酞先变红后褪色的实验现象，驱动学生探究酚酞褪色的原因，提出84消毒液使酚酞溶液褪色原理的猜想，设计探究实验验证84消毒液使酚酞褪色的原因，即84消毒液与酚酞反应，且会被还原生成氯离子，加$AgNO_3$溶液，产生白色沉淀。但此时学生会提出质疑，84消毒液中本来就有Cl^-，这个实验操作没有排除原本溶液中Cl^-的干扰。教师提出解决办法，"应先取少量稀释后的84消毒液于试管中，滴加过量的$AgNO_3$溶液，产生白色沉淀，除掉溶液中的Cl^-，再取2mL上层清液于试管中，滴加几滴酚酞溶液，若有白色沉淀，则说明ClO^-会被还原为Cl^-"。通过驱动性问题，引导学生检查发现实验方案的不足，在实验验证的过程中排除干扰因素。学生用所学的知识对实验现象进行分析，并且设计实验获取证据来验证猜想，经历演绎与归纳、分析与综合、推理与判断等思维过程，最终获得实验结论，发展了学生"宏观辨识与微观探析"的核心素养，促进了学生的深度学习。

此外，工作室网络学员苗画老师对"酒驾的检测办法"进行实验创新，通过实验设计，让学生了解用酸性$K_2Cr_2O_7$遇酒精转化为$Cr_2(SO4)_3$的颜色变化来检测酒精的方法，掌握乙醇的性质，把化学知识与生活实践联系起来，让学生体会到化学是一门生动有趣的学科，能服务于生活，提高学生学习化学的兴趣，培养学生"科学精神与社会责任"的化学学科核心素养。

（二）实践成果

1. 培养了学生的科学精神和社会责任

学生通过参与化学实验创新探究，经历了获得知识的全过程，正确认识科学的本质，修养科学伦理道德，领悟科学知识对经济、社会的价值，认识环境保护和资源合理开发的重要性，具有可持续发展意识和绿色化学观念，在实验创新探究过程中培养社会责任感。84消毒液是我们生活中常用的消毒剂。工作室入室学员徐琴老师创造性地增加课本没有的演示实验"84消毒液漂白原理的实验探究"，通过实验探究84消毒液的制取和研究84消毒液的性质，更好地利用84消毒液，让学生充分感受了科学精神。在实验过程中，学生了解到84消毒液和洁厕灵混合使用会产生氯气，会产生要杜绝二者混用的认知。工作室入室学员洪文洁老师《硫酸综合实验创新》，硫酸是工业生产中重要原料，设计金属铜和硫酸反应产生二氧化硫的性质探究和尾气处理一体化综合实验，既让学生掌握了硫酸的性质，又培养了学生绿色化学意识。

2. 提升了学生的素养水平和学业成绩

化学实验创新意味着学生需要进行自主探究学习，形成完整的实验思维和化学思维，使学生的探究空间得到拓展。教师往往只是作为一个辅助者，学生在这个过程中需要将自己的知识进行整理，然后对创新的实验进行探究学习，如进行实验的设计以及步骤的设计等，有助于学生掌握整个实验流程，有效提高学生的实验能力。同时在这个过程中学生会将学过的很多化学技巧融入实验中，这大大地促进了学生的实验操作技能，进而提高了实践能力和思维能力。比如，工作室网络学员向秀军老师《配制一定物质的量浓度溶液的对比创新研究》，在溶液配制的实验过程中，很多学生会有这样的一个问题：在相同条件下，用氯化铵还是氯化钠配制更好？氯化铵溶解的吸热效应明显，温度下降然后又恢复至室温，与容量瓶使用的温度一致，实验操作步骤给学生留有思维的空间。工作室网络学员蔡燕琴老师在《氨气的喷泉实验五种方法对比》中提出：为什么这些方法都能产生喷泉？学生迅速地查找一些资料来解决问题，在这个过程中学生会有一个深度学习的过程，对于学习过的知识会进行一个系统的整理，会形成初步的化学思维，大大地拓展了学生的学习边界，提高了学生的化学学习效率和学科成绩。

工作室主持人黄进添和成员徐琴、张露珍、陈月香所在的惠州市华罗庚中学2022届高三备课组，在五次高三全市统考中，学生化学成绩上重本和本科人数比入口指标提升明显，学科组被评为华中十佳学科组团队。黄进添老师任教班化学成绩优异，调研考试上重点本科人数比学生入口成绩指标翻一番，被评为华中十佳教学能手。2022届高三（5）班学生敖佳怡说："感谢黄进添老师两年多的教导，让我学到了很多，您的课是幽默风趣的，特别是化学实验精彩纷呈，让我印象深刻，感受良多，受益匪浅。"

3. 提高了教师的学科素养和专业水平

高中化学教材中有的实验从表面上看很简单，但是依照教材操作起来并不容易，有的现象并不明显，有的并没有说服力，有的污染环境，有的既危险又浪费资源，影响课堂实验的教学效果。针对上述问题，项目组成员查阅大量相关资料，创造性地开展课题研究。在课题研究过程中，很多教师掌握了获取新知识新技能的渠道和方法，同时他们的理论知识专业水平有了很大的提高。大家了解和创新了很多以前所不知道的实验方法，开阔了教学思路，丰富了化学学科教学方法和规律，有效提升了化学学科教学质量。在实践中，项目组成员积极参加各级各类教研活动，取得优异成绩。撰写论文13篇，其中发表的论文9篇，获得了近100项奖励。

项目负责人在全国中文核心期刊《中学化学教学参考》等杂志发表《以科学实验激励质疑　培养化学核心素养》等4篇论文。工作室网络学员陈月香老师在省级刊物《学习导刊》等杂志发表《在化学教学中培养学生的学科核心素养——以富集在海水中的元素氯为例》等3篇论文，工作室网络学员袁传能老师在省级刊物《中国多媒体与网络教学学报》发表《高中化学疑难点教学浅探》论文1篇，工作室入室学员徐琴老师在省级刊物《师道》发表《高中生常见心理问题的疏导和解决策略》论文1篇。工作室网络学员张露珍老师撰写了《基于化学核心素养中高中化学科学探究教学的思考》和《铜与硝酸反应实验装置实验的微型化改进与创新》2篇论文，工作室网络学员向秀军老师撰写《基于科学精神与社会责任的高中化学新教材研究》、曾娟老师撰写《绿色化学教学在高中新教材中的应用》论文各1篇。

项目负责人黄进添在课题研究期间，2019年9月被教育部授予"全国优秀教育工作者"荣誉称号，2021年5月被评为广东省中小学名教师工作室主持人。主持的项目《普通高中特色校本课程开发与实践研究——以惠州市华罗庚中学为例》2020年9月获惠州市第十一届教育科研成果一等奖，2021年获广东省教育教学成果奖二等奖。此外，他还曾获惠州市华罗庚中学2020年十佳教学能手、2021年卓越贡献奖等。

项目组成员陈月香老师获2019年广东省青年教师能力大赛惠州市市直中学选拔赛中学化学高中组一等奖、2020年惠州市中学化学和生物学实验操作与创新技能竞赛高中化学组二等奖、2021年广东省高中化学实验创新优秀作品二等奖、2021年华中十佳教学能手、华罗庚中学优质课比赛二等奖等。洪文洁老师获2021年惠州市市直中学青年教师能力大赛高中组一等奖、华罗庚中学"三新教学论坛"一等奖。徐琴老师获惠州市华罗庚中学"三新教学论坛"

一等奖等多项奖励。

二、探究学科本质，成果特色显著

（一）理论上的创新

我们在高中化学教学中率先探讨了新课标理念下的高中化学实验问题情境创新的策略、途径和方法，总结提出了高中化学实验问题情境创新的理论原则：实验创新的科学性、操作的可行性、过程的安全性、用品的简约性、思路的创新性、效果的启发性。提出了高中化学实验问题情境创新微型化、无害化、一体化、生活化、探究化等策略方法。开创了高中化学实验问题情境创新从实验仪器和实验装置的改进创新、实验药品的选取和对环境的影响、实验过程与操作方法的简便易行等层面嵌入的三条途径。

围绕新课程改革，我们设计既符合时代要求又带有特色的务实、创新型的基于学科核心素养下的高中化学实验课教学案例，如高中化学教科书必修模块经典实验教学设计的改进创新、高中化学教科书选修模块经典实验的改进创新、高考对实验设计与创新要求的研究论文和优秀复习课例等，极大地丰富了高中化学实验教学内容，形成了独特的化学实验教学思想，为普通高中课程改革做出了重要贡献。

（二）方法上的创新

本课题除了采用常规的文献研究法、比较法、观察法外，还以发明创造学上的缺点列举法、希望点列举法、模仿法等技法为基础，灵活运用组合法、移植法、替换法、缩小法、逆向法等方法去改掉缺点、落实希望。合理利用现有的仪器和代用品，成功创新、改进了40多个化学实验装置。引入实验探索法、逆向思维法，摆脱了传统逻辑思维的桎梏，对固化思维进行改变，对传统实验进行创新，起到事半功倍的效果，有效培养了学生创新思维能力。

我们提供一系列解决学校化学实验课堂教学及面临的现实问题的可操作的方案、办法或模式。例如：许常桥老师基于"实验导向+BOPPPS"的中学化学教学模式进行了"电解池"一课的教学设计（图5-1-8）。

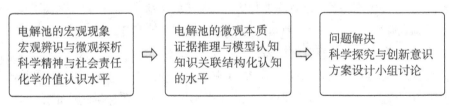

图5-1-8

（三）实验主体上的创新

我们摒弃了教师自己关起门来研究实验创新的陈旧做法，开展开放式项目课题研究，使学生也成为化学实验创新的主体。我们将演示实验改为探索性实验，让学生充分动脑、动手、动口，发挥学生的主体作用，有利于学生创造性思维的激发。在此基础上，让学生自选化学实验器材或自制化学实验器具，如水果电池，鼓励学生用日常生活中常见的物品或自己身边的药品做实验。这些仪器、药品学生更熟悉，更有利于学生理解化学就在身边、化学与生活联系非常紧密，从而拓宽学生的思维空间，培养学生的探索意识和创新精神。我们在帮助学生掌握实验原理的基础上，使学生明白科学的实验步骤和仪器的操作技巧、增设开放性实验。鼓励学生用不同的器材、不同的实验步骤和实验方法进行实验创新。在实验中，学生需要对所给的材料和信息进行合理取舍，对所得信息进行分析加工、整理归纳。这就要求学生既要有全局观念又要善于应变。培养学生的应变能力和探索精神。对高中化学实验进行创新，展开以化学实验为主的多种探究活动，促进了学生学习方式的转变，为培养学生的创新精神和实践能力、培养学生的化学学科核心素养奠定了理论基础。

三、实践推广运用，取得显著成绩

我们通过此次项目的实践运用和推广，促进了学生学业水平的提高、课题组成员专业水平的提升，同时协同推广成果，发挥了很好的示范辐射作用。构建了新的高中化学实验课程体系，为培养符合新时代要求的高素质人才做出了重要贡献。

（一）优化课程设置，促进学生发展——项目所在学校综合实践运用取得显著成绩

我们在高一必修课程、高二和高三选修课程中，全面开展符合新课标的创新实验探索，编著了《高中化学实验创新设计案例集》，开发了《新课标理念下的高中化学实验优质课教学案例》《新课标理念下的高中化学实验创新改进教学案例》等，在我校新课程改革中起到排头兵的作用。丰富了化学学科教学方法和规律，学生化学学科成绩有了显著提升，在惠州市全市统考中名列前茅。在实践中，项目组成员积极参加各级各类教研活动，均取得优异成绩。他们为我校创建务实、创新型的研究性学校，提高以课堂教学为中心的教育质量和整体办学水平，实现可持续的高质量发展目标，贡献了智慧和力量。

（二）提高科研水平，促进专业成长——项目组成员的化学学科专业水平明显提升

2021年1月，项目负责人黄进添老师在广东教育学会化学教学专业委员会举办的2020年广东省中学化学教研年会暨大湾区十地名师成果报告活动中，作了《新课标理念下的高中化学实验问题情境创新探索》的主题演讲和成果展示，受到学科专家和全省化学骨干教师的高度赞赏。项目组成员徐琴老师在2021年3月给全市高二化学教师带来了一节精彩的"烯烃和炔烃的化学性质"公开课。他作为课题组长在惠州市2022届高三第二次模拟考研讨会上，对全市高三化学科备课组长作了关于"惠二调21题答题分析和我校备考情况介绍"的发言；在惠州市第三次模拟考研讨会上对全市高三化学科备课组长作关于"第20题结构、第21题有机分析"的发言。项目组成员共撰写论文13篇，其中发表的论文9篇，获得了72项奖励，化学专业水平明显提升。

（三）协同推广成果，发挥辐射作用——为全市高中化学教学研究树立了榜样

我们在新课标理念下对高中化学实验进行创新研究，编写创新实验案例并付诸课堂实践，为我市同类高中学校提供了理论根据和实践案例。2021年11月，项目负责人黄进添老师在博罗县石湾中学开展了题为"聚焦核心素养，回归学科本质"的讲座，受到师生热烈欢迎。2021年11月，在广东省黄进添名教师工作室组织到博罗县石湾中学送教下乡活动中，徐琴老师的"核心素养下高三复习课——原电池工作原理及应用教学设计"公开课，精彩纷呈，让学生意犹未尽；洪文洁老师在惠州市华罗庚中学与惠阳区第一中学的校际教研活动中，通过手持技术数字化实验开展"中和滴定"的公开课，获得广泛好评。2021年，东西部协作帮扶交流活动，项目组成员许常桥老师同晴隆县民族中学彭宗香老师共同合作，利用异度云双师课堂网络平台进行了一节精彩的"一课双师"化学课教学直播，实现了东西部线上线下双师课堂教学，取得良好效果。

2022年9月，广东省中小学骨干教师高级研修项目华南师范大学高中化学班到广东省黄进添名教师工作室跟岗学习，开展了5场专题讲座、1节主持人示范课、7节公开课，形成了8个优质教学案例（含教学设计、教学录像、教学反思等）和1项研究课题，树立了先进的教学理念，跟岗学习取得丰硕成果，得到华南师范大学化学学院的高度肯定。项目研究期间，本市的兄弟学校前来交流研讨，如2021年10月，惠州中学高三化学备课组到我校开展校际交流活动；2021年11月，惠阳区第一中学化学科组全体教师到我校开展校际教研活动，运用项目研究成果开展专题教研，很好地宣传和推广了本课题的研究成果。可见，本课题研究成果的影响力已经辐射到全省，带动了惠州市化学学科教学水平的提升。

第二节　普通高中特色校本课程开发与实践研究

——以惠州市华罗庚中学为例

广东省名教师工作室主持人　黄进添

一、问题的提出

我们提出的问题是：校本课程是素质教育的重要手段，在惠州市华罗庚中学开发与实施特色校本课程，探索在普通高中全面发展素质教育。

素质教育是新时代发展的要求，素质教育的本质在于它的思想性和时代性。它既是富有新时代内涵的全面教育，又是富有新时代内涵的个性化教育。

《中共中央、国务院关于深化教育改革，全面推进素质教育的决定》明确指出："调整和改革课程体系、结构、内容，建立新的课程体系，试行国家课程、地方课程和学校课程。"《国务院关于基础教育改革与发展的决定》指出："实行国家、地方、学校三级课程管理。"教育部印发的《基础教育课程改革纲要（试行）》指出："改变课程管理过于集中的状况，实行国家、地方、学校三级课程管理。"

依据国家课程、地方课程的校本化实施，结合本校的特点开发适合本校学生发展的特色校本课程，构建分层、分类、综合、特需的课程体系，满足学生多元化的需求，是新时代课程改革的需要。它弥补了由于教材过度统一所带来的知识局限，加强了知识与区域社会、经济生活的联系，拓宽了知识的领域，加快知识更新的速度，使其更加贴近学生个体差异和未来发展的需要。

开发丰富多彩的特色校本课程，使学生在全面发展基础上实现个性化发展，是新时代教育发展赋予我们的使命和担当。

二、解决问题的过程与方法

（一）解决的主要问题

一是开发的校本课程跟新时代新要求对接不到位，同步同向性不够。

二是开发的校本课程跟学生发展需求联系不紧密，导向针对性不强。

三是开发的校本课程碎片化、平面化、单一化，不完整，系统层次性不高。

（二）解决问题的过程与方法

1. 把新时代课程建设需求作为校本课程开发的中心点

制定并严格实施"新时代背景下特色校本课程开发实践制度"，从素质教育、核心素养、身心发展、创新意识等方面贯彻新时代的新要求。并从以下5个方面落实到位。

（1）坚持与新时代新课标要求同步，深入实施素质教育，优化课程结构，遵循身心发展规律和教育规律，让特色校本课程为学生向着美好未来腾飞插上翅膀。

（2）校本课程与核心素养进行有效融合，依托特色校本课程体系的构建，大面积大幅度提升学生核心素养。

（3）把促进人的全面发展、适应社会需要融入校本课程目标、计划、评价等方面，构建了适应学生发展需要、体现学校办学特色的课程体系。

（4）开展了国家课程特色化实施及研究，初步建立了国家课程各个学科分层分类校本化课程体系，在此基础上构建我校特色校本课程体系。

（5）校本课程开发与实施，关注学生学习体验、动手实践及创新意识培养，培育自主发展、合作参与、创新实践的时代新人。

2. 把学生的发展需求作为构建校本课程体系的基本点

确立了"针对校本，面向学生，凸显个性，激励自主"的原则。

（1）以学生的发展需求为根本，对我校建立的校本课程进行优化组合，在满足学生基本需求的基础上，突出个性和特长的培养。

（2）在校本课程实施中，充分考虑学生的个性需求和兴趣，重视学习方式的转变，采用了探究、合作、参与等有助于学生主动学习的学习方式。

（3）由师生和专家组成的课程研究委员会，对我校特色校本课程开发、实施进行了积极的指导评价，学科课程研究小组则对各学科特色课程开发给予了有效的专业指导，使之符合学生的发展需求。

（4）鼓励师生充分利用校内外课程资源，激励他们自主开发和管理课程的积极性，使他们创造性地开发课程。

（三）把开发完整的、分层的、多元的校本课程作为课程改革与建设的重要内容

1. 教师本位开发的特色校本课程

以教师本位开发的校本课程突出学科拓展类，内容涵盖人文与社会类、科学与技术类、艺术与健康类等，对应的课程有：华中大讲堂（名师讲坛、专家讲座）、"华罗庚精神"课程。"华罗庚精神"课程是以弘扬、践行"华罗庚精神"为主旨而开发的系列课程。华罗庚精神（精勤不倦、自强不息、立志事业、献身祖国）激励着后人，要继续把华罗庚精神发扬光大，代代相传，以华罗庚精神为指引，对学生进行道德品格教育和科技创新教育，培养其坚韧不拔、自强不息的品格和勇于创新的精神。由此学校开发的特色课程有：数学特色课程、科技创新特色课程、人文艺术类特色课程、体育健康类特色课程。这部分课程为校本选修课程。

2. 学生本位开发的特色校本课程

学生本位开发的特色校本课程，主要以突出学生的兴趣爱好为主，实行学生自主管理、教师管理为辅的原则，由66个社团自发组织校本活动课程，如书画大赛、动漫大赛、模特大赛、合唱比赛、校园歌手大赛、优秀摄影作品展、演讲比赛、主持人大赛、鸡蛋撞地球比赛、机器人成果展示赛、叶脉书签制作、航天航空模型展、电脑绘画与动画大赛，以及为高三加油专场演出和惠州市校园魔术交流演出等。这部分也作为学生选修课程。

3. 学校本位开发的特色校本课程

学校本位开发的特色校本课程，突出学生综合素养和实践能力的培养，对应课程有：八大节日（科技节、数学节、艺术节、书香节、体育节、心理节、足球节、英语节）、主题教育活动周、社会实践服务、国际特色课程、民族特色课程。

八大节日课程内容丰富多样，可供不同学生选择，要求全校学生参与。八大节日课程、主题教育活动周、社会实践服务为必修课程，其他为选修课程。

4. 特色校本课程体系建立

以国家本位开发校本必修课程，包括美术、音乐、体育、信息技术、心理健康，除严格按照国家课程标准要求开足开齐外，学校又突出学校本位、教师本位、学生本位开发系列特色课程。

这些特色课程根据性质分为学科课程和活动课程，教师本位开发的课程以学科课程为主，学生本位的课程以活动课程为主，学校本位的课程既有八大节日活动课程，也有学科课程。根据内容划分为涵盖人文与社会类、科学与技术类、艺术与健康类等。根据课程的功能来分：必修课程为基础课程，突出课程普惠性、基础性和均衡性，体现对普通高中学生全面发展的基本要求；选修课程和活动课程统称为发展性课程，突出课程的多样性和发展性、选择性，都属于学校的特色校本课程。归纳如图5-2-1所示。

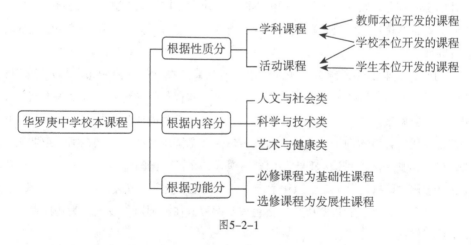

图5-2-1

我校的特色校本课程主要有三大特点。

一是学生社团活动课程化。将学生感兴趣的活动分成科技、艺术和体育三大类，并相应成立了学生科学院、学生艺术中心和青少年体育俱乐部，在此基础上成立学生社团联合会，由学生自主管理，自行组建各种社团。学校要求每个学生根据兴趣爱好，在三类项目中选择一项，至少参加一项社团活动，参加兴趣活动小组，在教师指导下由学生自主管理开展活动。

二是开设教师专长类选修课。在校本课程的五个领域内，开设教师专长类选修课程，在周二下午第四节课进行集中授课。已经开设并比较出色的教师专长类选修课程有："金庸小说导读""微型小说导读""趣味数学""生活与数学""几何画板学与用""英语语音""日语""美语发音与单词拼读""英美文学""生活地理""大国崛起""科学与技术类""食物营养与人体健康""植物的认识及栽培""生活中的经济""化学点亮世界""流行音乐演唱""流行音乐与爵士乐""素描""装饰画""心理学与生活""田径训练""C语言程序设计""pHotoshop图像处理""Flash动画制作""会声会影视频制作"等。

三是"八大节日"集中展示。每年定期开展"八大节日"活动,集中展示学生校本课程的学习成果。学校建有学生读书广场和艺术广场,供同学们日常读书和展示艺术才华。

三、成果的主要内容

(一)总结提出了特色校本课程开发的理论体系

我们总结提出了校本课程开发的理论基础:哲学基础、心理学基础、课程与教学论基础、现代脑科学基础。从校本课程开发的立足点、开发目标的设立、开发内容的确定、特色校本课程开发与体系建立、校本课程实施策略等五个方面,擘画了校本课程开发方案的顶层设计与实践线路图。我们认为,课程是学校育人目标的载体。从某种意义上说,课程决定着学校的形态,只有改变课程,才能从根本上改变学校。课程是文化的载体,办学理念的体现。提供多元的文化、多样的课程是学生个性发展的基础,课程实施和设计是文化交流与融合的手段,课程的教学组织形式可以带动教育实践和教育行为的变革。多样化课程是为不同学生设计的不同跑道,它为每个学生提供不同的需求和不同成长方式,帮助每个学生找到自我。由此,课程变革可以促进管理制度、教学方式以及教育行为的变革,实现学校的转型,实现教育的现代化。

我们的研究成果出版了专著《普通高中素质教育的探索——惠州市华罗庚中学特色校本课程体系的开发与实践研究》。从哲学、心理学、课程与教学论及脑科学等方面论证了从校本课程途径实施素质教育的可能性,从理论上探讨了学生的成长规律和校本课程的开发策略,丰富了现代教育教学理论。成果主持人黄进添在全国中文核心期刊、国家级期刊发表论文12篇,如《筑梦中国 打造"TAP"德育新模式》在《中国教育报》发表,《开展化学科技活动,推进化学素质教育》在中国化学会主办的《化学教育》发表,在省级刊物发表论文5篇,如《构建多元、优质的华罗庚精神特色校本课程》在《师道》发表,为普通高中课程改革做出了重要贡献。

(二)构建了健全的特色校本课程体系

我们的特色校本课程开发取得了丰硕的成果。策划、编写了《心理导航》《惠州园林植物》《剪纸》《科技、创新与实践》等校本教材。开发了140余门多样化、多层次、多方位的特色校本课程,构建了校本必修、校本选修两个层面,涵盖语言与文学、科学与创新、体育与健康、思维与智慧、人文与艺术五个领域的校本课程体系。

学生自主组建了60多个社团,每个学生都积极参与,促进了他们的个性发展。我们将优秀的社团活动上升到校本课程,每年开展"八大节日"活动,作为特色校本课程的对接延伸与展示平台,构建起较为健全的特色校本课程体系(图5-2-2)。

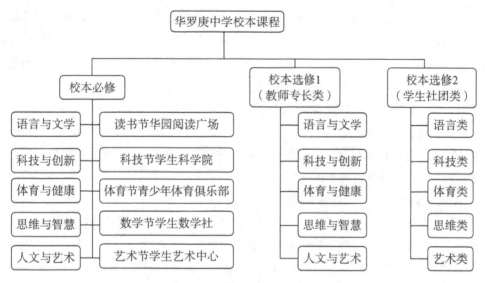

图5-2-2

"合唱""剪纸""钱鼓舞"是我校开发的艺术类特色校本课程。2018年9月22日，萨摩亚总理图伊拉埃帕访问我校（图5-2-3），我校学生表演钱鼓舞欢迎远道而来的客人（图5-2-4）。

图5-2-3

图5-2-4

学生把剪纸作品《中国结》送给萨摩亚总理。总理非常高兴，即兴用尤克里里弹奏一曲萨摩亚民谣，祝中萨友谊地久天长。

学校合唱团2016年获惠州市第四届中小学生合唱展演高中组一等奖；2019年元旦参加粤港澳大湾区新年音乐会演出，广受好评；合唱《掀起你的盖头来》2019年10月1日晚黄金时段在中央电视台音乐频道播出，为国庆70周年献礼。通过富有特色的校本课程的开发与实施，学生充分参与。体验校本课程，做到理论与实践相结合，人文和科学相结合，从而培养正确的价值观，成为既有理想又脚踏实地的一代新人。

（三）创新了学习和教学方式

课程是培养学生的重要载体。学校以课程的高效化、课程的特色化、课程的丰富化，确保"素质教育"课程体系精准落地。

1. 首创"互联网+社团"的教育模式

为适应"网络时代""大数据时代"对学生培养要求，我们通过网络、Q群、微博、微信等平台，推动学生社团建设，借助互联网的翅膀，将特色校本课程育人作用向外辐射。倡导每个社团建立独家公众号，让每位成员充分展示、分享社团活动的成果与快乐。我们坚持用学生习惯的语言与他们沟通，按学生喜欢的方式开展社团活动，充分发挥66个学生社团"自我教育、自我管理、自我服务"的功能，扩大社团活动的影响力。

2. 创新实施开放式自主学习模式

为建立"互联网+社团"模式，我们顺应时代潮流，变"禁"为"导"，在学校阅读广场、学生食堂等地在特定时间段开通免费Wi-Fi，引导学生文明上网，紧跟时代步伐，学以致用，培养自身适应信息时代的学习方法，并学会自我控制、自主管理。每项活动都深得学生的喜爱，极大地丰富了我校的校园文化生活，提升了我校师生的文化品位，展示了我校师生的艺术修养，促进了他们灵性发展，为他们的生活注入了创新的活力。

3. 创建了"三学四式"自主高效课堂模式

特色校本课程的开发，既要有课程内容的创新，也要有教学模式的创新。同一内容可以根据时代发展、学生需求进行创新性教学，赋予它新的内涵。

为了配合特色校本课程的开发与实施，我们进行了课堂教学模式改革的尝试，提出了"三学四式"自主高效课堂模式，即学生自学、教师导学、同学互学"三学"结合，启发式、探究式、讨论式、参与式"四式"交互运用。在课程教学过程中灵活运用，进一步明确了课程改革的目标和方向，促进了教师教学理念的转变。

"三学四式"教学模式体现了新课程理念，它不仅是国家课程实施的再创新，也是另一种校本课程内容的再开发，它把国家课程和校本课程有机融合起来，做到了两者的兼顾，促进了学生学习效率的提升。《"三学四式"自主高效课堂模式的构建》获广东省教育厅立项并通过结题验收。

四、效果与反思

（一）实践效果

1. 促进了学生的个性发展，激发了创造潜能

学生参与校本课程和社团最大的收获，不只是学习的提升，而更多的是培养健全的人格和美好的个性。我校的特色校本课程开发注重学生的选择权、主动性、参与性。通过课程的自由选择，社团的合作，学生拥有了"三心"：自治心、公益心、进取心。

我校开发的校本课程充分满足了学生的实际发展需要，同时赋予了学生课程的决策权，学生就是课程编制者、实施者、评价者，极大地提高了学生参与研究的意识，激发了他们的创造潜能。致使传统素质的"德、智、体、美"内在信息激化发生对称破缺，产生相变和分岔，形成了更高层次上"处善"和"进取"、"理论"和"实践"、"身体强壮"和"心理健康"以及"竟雅"和"随俗"的两两对称。传统素质的低维对称和谐提升到现代素质的高维对称和谐（图5-2-5、图5-2-6）。

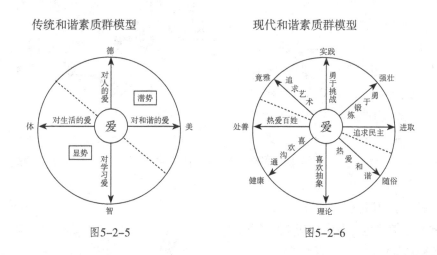

图5-2-5   图5-2-6

人的潜能是无限的，但每个人的潜能又是不同的，人的发展又是经过不断选择的过程。我校丰富的校本课程为学生充分认识自己、发现自己、成长自己提供了基础，促使学生在全面发展的基础上，实现个性发展，满足了学生多样化需求，成就了许多与众不同的学生。

2. 促进了教师的专业发展，形成了教师的整体课程观和发展观

校本课程开发给教师专业发展提供了较大的发展空间。首先，校本课程的开发培养了教师的课程意识。教师不是在被动执行课程理念，而是在自己理解和创新的基础上，形成自己的教学特色和独特的教学理念。其次，校本课程实施给教师提供了更多的课程自主权，使教师直面从拟定目标、选择素材、组织安排课程到课程评价学习效果等方面的问题，提升解决各类问题的能力。最后，校本课程的开发是一个多方面人士合作和探究的过程，在此过程中，教师得到专家和同行的指导和帮助，并反思在课程开发或实施中遇到的问题，进而找到答案，在过程中提升自己的专业技能。

教师在实践中认识到自己所教的科目与学校整体的教育目标和前景的关系，以及与其他学科之间的关系，形成了整体的课程观；教师潜心研究自己的学生和校本课程，思考学校发展的远景，从而树立了整体发展观。校本课程的开发与实施极大地提升了教师的专业素养，成果在我校实践检验期间，每年有120多名教师获市以上的教育教学奖励。

3. 丰富了学校的校园文化

学校通过广开校本课程，丰富了校园文化。例如，《惠州园林植物》，图文并茂地介绍了惠州大量常见的园林植物，体现科学性和艺术性，培养了学生关心社会、关心生活、关心环境的好习惯。

数学校本课程"快乐大本营"如图5-2-7所示。

语文科组立足初高中教学一体化，研究开发"中学阶段作文教学研究"校本课程。英语科组开展省级课题"普通内地西藏班英语校本课程研究"。数学的"快乐大本营""数学迷宫"，生物的"神奇的植物世界""植物的认识与栽培"，化学的"化学实验的改进与创新""化学点亮生活"，物理的"物理小制作""机器人大赛"，语文的"影视鉴赏""走进惠州的微写作"等校本课程，也因为因

图5-2-7

地制宜、特色显著而备受瞩目。我校新开发、开设的独具特色的课程，如"客家山歌""剪纸"等贴近学生的生活，注重学生的兴趣与体验，让学生充分感受了课程文化的魅力，尽情享受特色校本课程带给他们的快乐。

4. 促进了学校的特色化办学

学校的办学特色主要由每所学校中的课程哲学、办学方向、学生的发展现实和发展需求、课程资源等决定。校本课程改变了过去全国课程"大一统"的局面，给学校形成和体现自身办学特色提供了一个坚实的平台，有利于学校发挥各自的办学优势，凸显学校的独特风格。华罗庚中学构建了系统、多元的特色校本课程体系，在特色化办学的道路上大步跨越，对全省课程改革、教学实践起到了示范作用，对提高教学水平和教育质量、实现培养目标发挥了积极的作用。成果在实践检验期间，获教育部授予的"全国心理健康教育特色学校"、"全国足球特色学校"、"全国国防教育特色学校"、"全国防灾减灾科普示范学校"、全国群众体育先进单位、国家级青少年体育俱乐部，省政府授予的"广东省民族团结进步模范集体"、广东省艺术教育特色学校等34项国家、省荣誉称号，50多项市荣誉称号。本科上线率连续10年增长，重本上线率连续9年增长，9次获惠州市高中教学成果奖一等奖。学校各项事业均取得丰硕成果，在全国产生较大影响。

（二）反思与探索

在立德树人理念的指导下，如何更好地培养人才？人才成功的定义是什么？这是我们一直在思考探索的事情。我们认为每个人都应该获得更好的发展，充分释放潜能，成为最好的自己。但是在当前的背景下，国家、地方课程不可能满足每个人需求。现行的学生评价还未能跳出甄别和选拔的功能，为了争夺好的资源，必然造成学业上激烈竞争，促使我们不得不放弃一些长远的考虑，而追求短期效益。这些会使我们校本课程开发和实施的价值大打折扣。

如何处理学业高考压力和个性生长之间的关系？虽然两者可以存在正相关的关系，但是在当前的背景下存在一定的冲突，毕竟高中学生时间是有限的，面对高考的压力，如何能既取得好成绩，又促进学生身心健康发展？目前学生的创新思维能力不足，与这种过度的竞争不无关系。平衡这两者的关系不仅是学校、教师的责任，也需要全社会共同努力。

我们将进一步深化教学改革，全面发展素质教育，开发更多更好的特色校本课程，为党育人，为国育才！

本成果获2021年广东省教育教学成果奖二等奖（图5-2-8）。

图5-2-8